スティーブ・ジョブズ
グラフィック伝記

Steve Jobs
A Biographic Portrait

ケヴィン・リンチ

Contents

プロローグ ……………………………… 4

第1章　宇宙に衝撃を与える ……………………………… 6

第2章　創造性は何かをつなぎ合わせること ……………………………… 18

第3章　クレイジーな人たちに乾杯 ……………………………… 32

第4章　さぁ始めよう ……………………………… 44

第5章　心の自転車のように ……………………………… 58

第6章　シンプルは複雑よりもずっと大変 ……………………………… 70

第7章　未来を発明する ……………………………… 80

第8章　ひたすらスゴイものを ……………………………… 92

第9章　メチャクチャすごい ……………………………… 104

本書に掲載されるトレードマーク、サービスマークおよびトレードネームの権利はすべて各所有者に帰属します。これらの掲載目的は所有者の製品およびサービスの属性を確認するためのみとしており、本書はこれらの所有者によるライセンス、エンドースとは無関係です。出版社並びに著者は、本書で言及されるすべての製品の使用の推奨、宣伝、促進を意図せず、掲載製品に関する一切の代理、保証の役割を担いません。またそれらの製造元および卸売業者によるあらゆる主張の正確性に関しても保証責任を負いません。

出版社および著者は、本書で言及されるいかなるウェブサイト、組織団体およびその他の情報提供先との提携関係を有さず、後援および宣伝を行っておりません。出版社および著者は取材先からの情報の正確性、完全性、最新性に関して、一切の保証責任を負いません。

第10章	時代は変わる	120
第11章	"Think Different"のすすめ	134
第12章	2塁打2本よりホームラン1本の方がいいわけ	152
第13章	ハングリーであれ	166
第14章	進化をもたらすもの	178
第15章	初心に戻るという身軽さ	194
第16章	想いは伝わる	212
第17章	最後にもう1つ	240
	日本語版監修者あとがき	272

プロローグ

　2011年6月7日。スティーブ・ジョブズが亡くなる4カ月前。この日は彼が公の場に姿を現す最後の日となった。
　クパチーノ市議会で演壇に立ち、同市内でのアップル新本社の建設計画を発表した。
　その前日、サンフランシスコのモスコーニ・センターで催された同社によるWWDC（Worldwide Developers Conference／訳注：同社が毎年開催する開発者会議）に出席し、基調講演で新たなデータ保存サービスiCloudの誕生を自信たっぷりに紹介したばかりだった。そしてそれが彼の人生最後のパフォーマンスとなった。
　急速に悪化する健康状態への懸念を覆すかのように、講演は力強い調子で披露された。これを受けてハイテク系の専門家らは的外れな推測を記事にした。あの痩せ細った姿を心配する必要はない。彼の健康は回復に向かっているのだろう、と。
　同講演の翌日。12名で構成される議会を前にジョブズは発表を行う。議場の照明が煌々と照らす中、冒頭での彼は前日とは別人のようにこわばった様子だった。息切れ気味に切り出された言葉は、らしくないためらいを帯びていた。
　しかし、大型の新キャンパス建設によって、急増する従業員の収容という長年の課題をついに解決できるという旨を伝えるうち、ジョブズはしっかりした調子を取り戻していく。そして意気揚々と話のテンポを上げて計画を解説し始めたのだった。すでに「宇宙船（The Mothership）」という豪華な呼び名で話題になっていた建築プロジェクトだ。
　新たに湧き出たジョブズのエネルギー。いったいどこから生まれたのだろうか。
　人生最後の大仕事に自分のビジョンを吹き込んでおきたい。そんな気持ちからかもしれない。何かいいものを作りたいという生まれ持った熱意。それを具現化する最後のチャンスなのだ。この欲求こそ、彼がキャリアを通し一貫して持ち続けたものであった。アップル社がクパチーノを拠点にし続けるという念願の大プロジェクト。これを議会で報告することに興奮し、エネルギーが湧いたのだろう。35年前のあの頃。スティーブ・ウォズニアックと共にアップル社を創設したマウンテンビュー市（訳注：クパチーノに隣接するサンタクララ郡内の都市）の自宅ガレージ。そこから車でたった10分というロケーションなのだ。
　クパチーノ市内に1万2000人の従業員を収容する新本社の設立。そのための土地探しに行き詰まることもあった。が、やっとジョブズにとって特別な意味を持つ敷地が見つかっ

た。人生のクライマックスという段階で、自分の原点に戻る。そんな好機が劇的なタイミングで現れたのだった。新本社の敷地はかつてHP（ヒューレット・パッカード）社が所有していた土地である。HPといえば1930年代に技術革命をもたらし、まだ10代のジョブズにコンピュータ業界を垣間見る体験を与えてくれた企業だ。

「この計画が実現すれば、アップルはクパチーノで運営し続けられます。だから思い切って敷地の購入を決めました。実は私にとって特別な場所なのです」。ジョブズは議員らへの説明を続けた。

「まだ私が13歳のとき、ヒューレットとパッカード（訳注：HP社共同創業者のビル・ヒューレットとデビッド・パッカード）はあこがれの人たちでした。当時、ビル・ヒューレットはパロアルト市（訳注：マウンテンビュー市に隣接する都市で複数ハイテク企業の本拠地）に住んでいました。あの頃の電話帳に非掲載番号などありませんから、ビル・ヒューレットの自宅に電話をかけてみたのです。
　すると本人が出たので、製作途中だった周波数カウンターに使える部品を譲ってもらえないかと頼んでみました。ビルは承諾してくれました。それからもっと凄いおまけも。なんと夏にHP社で仕事をさせてくれるというのです」

「夏休みにHP社の周波数カウンター製造部門で働けるなんて。ここサンタクララ郡、高速280号線を降りてすぐのこのロケーションです」

「もう天国にいるような気分でした」

ジョブズは、その夏の体験をきっかけに電子機器やハイテク分野にのめり込んでいった経緯を振り返った。彼にとってアップル・パーク（訳注：新社屋および周辺施設を含む全体）の建設は恩返し的な行為でもあるのだろう。市議会の誰もがそう確信したのだった。自分の人生を形成してくれたベイエリア南部。その土地で大詰めのフィナーレを飾るチャンスなのだ。実験や技術革新を奨励する開放的な気風の中で育ったジョブズ。この地特有のメンタリティとエネルギーはまさに彼の全身に漲っていた。

スティーブ・ジョブズ。彼こそシリコンバレーが生んだ時代の寵児──正真正銘の傑作である。

第 1 章

宇宙に衝撃を与える

スティーブ・ジョブズ　グラフィック伝記

> サンフランシスコ生まれの
> スティーブ・ポール・ジョブズは、
> 5歳のときにカリフォルニア州
> マウンテンビュー市ののどかな郊外の
> 環境へ引っ越す。

　両都市間は車で45分ほどの距離だったが、新天地はガラッと異なる雰囲気だった。
　一家は新築の建売住宅で暮らし始める。マイホームを持つのは50年代のアメリカ人にとってまさに幸せの象徴であり、ついにジョブズ夫妻の大きな夢が実現したのだ。かつては到底達成できなそうに思えたゴールだった。
　労働者階級の2人は1946年に結婚したが、子宮外妊娠の経験があるクララは子供を授かることができなかった。
　そして1955年2月24日。スティーブが誕生した数日後に養子縁組の機会を与えられる。その3年後にはスティーブに続いて、もう1人の養女パティを家族に迎えた。
　スティーブの実母の名はジョアン・シーブル。ウィスコンシン大学の大学院生の彼女は、ドイツ・スイス系カトリック移民家庭の出身だった。在学中に恋に落ちた相手はアブドゥルファター・ジャンダーリ。政治科学の博士号取得中であったシリア出身のイスラム教徒だ。ジャンダーリは一代で富を成した石油業界の大物の息子だったため、保守で厳格なキリスト教徒であるシーブルの父は、2人の関係を認めなかった。病床で死を目前とした父に心配をかけたくない。また、当時の社会では未婚の母に対する風当たりが強かったのを懸念し、シーブルはウィスコンシンに残るジャンダーリと別れ、サンフランシスコへ移住を決める。しかし結局、仕方なくスティーブを養子に出すことになる。ただし、養父母になる夫婦には、カトリック系かつ大卒という条件を付けたのだった。
　しかし、ジョブズ夫妻はどちらも学士号を持っていなかったため、当初、シーブルはスティーブの引き渡しを拒否する。医師を介して数週間にわたる交渉の末、ジョブズ夫妻が息子の大学教育のために普通預金口座を設けることを条件に同意する。当時、慎ましい所得で暮らす労働者階級の家庭にとって大きな決断であったが、これでやっとシーブルを納得させることができたのだ。

ジョブズ夫妻がスティーブの教育に関する約束をどれだけ真剣に受け止めていたのか。それは小学校入学の時点ですでに明らかになる。子供2人の育児に勤しむ専業主婦クララは、スティーブが3歳になるまでに読みを覚えさせていた。その結果、モンタ・ロマ小学校に入ったとき、彼の学力は同級生らをはるかに超えていたのだ。

　養父ポール・ジョブズは、学歴面ではシーブルの希望する高い基準を満たしていなかった。しかしスティーブの学習意欲を育てたという点で彼の貢献度は大きい。とりわけ、機械や職人技を評価し理解する姿勢は、のちのスティーブの人生に大きく影響することとなる。

　スティーブは大人になってから父ポールのことを「ずば抜けて手先が器用な人」と表現していた。良いデザインを追求する価値観は、細かい点までこだわる父親から受け継いだものだという。スティーブ自身が子供たちに対して最も切望していたこと。それは「おやじみたいな、いい父親になること」であった。

　高校中退後にエンジン機械工として働き、19歳で沿岸警備隊に志願して第2次世界大戦で配備されたが、ちょっとした問題を何度か起こしたために上等水兵までしか昇進できなかった。クララと結婚した頃に退役し、農業機具の会社でブルーカラーの機械工となる。さらに、自動車への情熱と知識を活かして「レポマン」（訳注：ローン返済できなくなった客から車を引き取る回収屋）の仕事もし、暇な時間に古い車を修理しては再販売して収入を継ぎ足していた。このため自宅ガレージは常に修理中の車が置かれ、好奇心旺盛なスティーブのお気に入りの場所だった。息子を喜ばせるために、ポールは「愛弟子」のためのスペースを確保してやった。

　あるインタビュー中、スティーブは当時を振り返ってこう語った。「ガレージに作業台が置かれていてね。僕が5、6歳の頃、おやじはその一部を僕専用のスペースにしてくれたんだ。『スティーブ、ここがお前のスペースだよ』ってね。小型の道具をくれたり、ハンマーやノコギリの使い方、物の組み立て方を教えてくれたり。凄くいい体験だった。何かを組み立てて分解してはまた組み立てて……そんな仕組みを見せてくれた。親父は随分時間をかけて僕の相手をしてくれたよ」。ポールの専門は電子機器ではなかったが、ガレージで車の改装や家電の修理作業を見ながら、スティーブは電子機器の世界に目覚めていく。

　ジョブズ一家がマウンテンビュー市に引っ越した当時は、若い世代の家庭が次々と移り住んだ時代である。ポールのレポマン事業の移行にあたり一家は移動を決めたわけだが、サンタクララバレー地帯およびその周辺へ移住してくる人々の大半は、エンジニア、化学者、プログラマー、物理学者などであった。彼らはこの辺りで急成長を見せる半導体やテレコミュニケーション、電機産業で働く人たちだったのだ。

ジョブズ家の新居から2キロほどのところに設立されたショックレー半導体研究所は、50年代後半にかけてシリコン製半導体機器を初めて開発する会社だ。この技術革新はのちにコンピュータ業界全体に大きな影響を与えることになる。創設者はノーベル賞受賞物理学者のウィリアム・ショックレーだったが、同社は長続きしなかった。選りすぐりの優秀な若手の技術者らが、ショックレーの高圧的な経営方針に反抗し、半導体メーカーのフェアチャイルド・セミコンダクターを創設した。これがのちにインテルやAMDといったコンピュータチップ大手企業の誕生を促すことになる。

　ヒューレット・パッカード（以下：HP）の創業は1930年代後半、パロアルト市の自宅ガレージだった。シリコンバレーでの存在感を徐々に増し、1960年代初頭には9000人以上の従業員を抱える機械製品メーカーへと成長した。一方、この時代にはスタンフォード・インダストリアル・パークも誕生する。イーストマン・コダックやGE、ロッキードなどの企業を対象に、大学所有地の部分的な借用を開始していた。こうして盛り上がる技術産業と地元で才能ある学内の人材を巧みに結びつける環境が実現したのだ。

　同市の人口は10年前と比べて倍増し、果樹園が広がるこの地独特の景観が高速道路や新しい学校施設に置き換えられていった。地域の未来を形成する数多くの技術系スタートアップを支えるべく、大規模な基盤づくりが進んでいったのだ。

　ジョブズ家を取り巻く環境も急速に変化していく。時代の流れを受けながら、サンタクララバレー地帯で育つスティーブのような子供たちは、コンピュータへの関心を高めていった。

　「子供時代を過ごすには最高に面白い環境だったと思う。自宅からすぐ数軒先に引っ越してきた夫婦がいてね。実はご主人がHPの技術者だったんだ。近所の子供たちと顔見知りになろうと変わったことをしていた。自宅のガレージ前にカーボンマイクと電池、スピーカーをセットして。マイクに話しかけると声がスピーカーから拡大されて聞こえる仕組みなんだ。引っ越してきたばかりで変わったことするなぁって思ったけど、本当にそんな感じだったよ」

　その頃から10年以上が経ち、1971年、ジャーナリストのドン・ホフラーが新聞記事の中でこの地域一帯を総称して「シリコンバレー」と呼び始める。しかし、ジョブズ一家がマウンテンビュー市に引っ越してきたころ、すでにサンタクララバレーの住民たちははっきり認識していたのだ。自分たちの暮らす環境が世界的な技術産業の中心になりつつあることを。

スティーブ・ジョブズ　グラフィック伝記

主要な人物

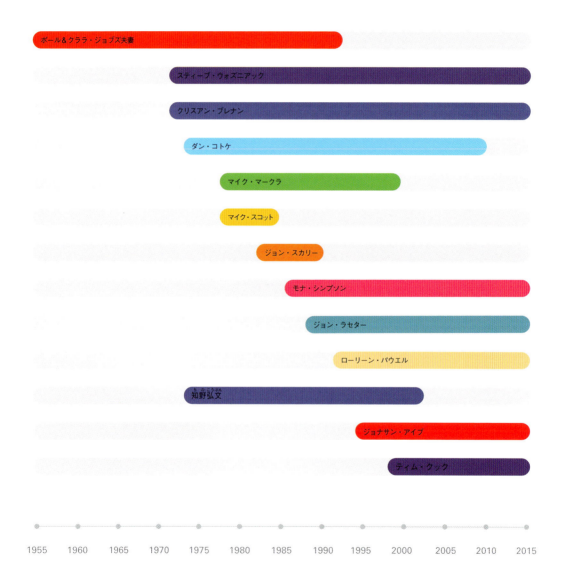

宇宙に衝撃を与える

ポール&クララ・ジョブズ夫妻
スティーブ・ジョブズの養父母。のちにシリコンバレーとなるカリフォルニア北部にあるレーザー機器会社でポールは機械工を務めた。アルメニア系移民家庭出身の養母クララは会計事務をしていた。

スティーブ・ウォズニアック
アップル共同創業者、エレクトロニクスの天才。1976年、独自開発でアップルコンピュータ初の製品Apple Iを誕生させる。

クリスアン・ブレナン
高校時代のガールフレンド。断続的な関係を経てジョブズとの娘リサを出産。その後も混乱は続いた。

ダン・コトケ
ジョブズ大学時代の友人、インド旅行を共に経験。アップル初期メンバーの1人。

マイク・マークラ
創業期のアップルを支えた投資家で3番目の社員。

マイク・スコット
アップルコンピュータ初代最高経営責任者(CEO)。若きジョブズとウォズニアックの経験不足をカバーすべくマイク・マークラによって招聘され経営にあたった。

ジョン・スカリー
1983年、ペプシ社からアップルコンピュータCEOとして移籍。2年後にジョブズを追放する。

モナ・シンプソン
血のつながった2歳年下の妹、作家。1957年、ジョブズが養子に出された2年後、結婚した両親のもとに誕生。1986年にジョブズと初対面を果たして以来、2人の親交は深められた。

ジョン・ラセター
コンピュータを使ったCGIアニメーション先駆者でありピクサーの共同創業者兼CEO。

ローリーン・パウエル
アメリカ人のビジネスエグゼクティブ。1991年にジョブズと結婚し3人の子供を授かる。

知野弘文（ちのこうぶん）
曹洞宗の僧侶。ジョブズの精神的指導者でローリーンとの結婚式を執り行った。

ジョナサン・アイブ
イギリス人の工業デザイナー。1992年よりデザイン責任者を務め、アップル復活に大きく貢献した。

ティム・クック
1998年、アップル最高執行責任者(COO)としてジョブズに採用され、2011年8月よりジョブズからCEO職を引き継ぐ。

スティーブ・ジョブズ　グラフィック伝記

シリコンバレー

ハイテク産業の中心が形成されるまで

世界

米国

カリフォルニア

1939年

ウィリアム・ヒューレットとデビッド・パッカードがヒューレット・パッカード社をパロアルトに創設。オシロスコープ（電子計測器）の生産を開始。

1957年

ショックレーの元社員8名が投資家・発明家のシャーマン・フェアチャイルドとパートナーシップを組み、フェアチャイルド・セミコンダクター社を設立。トランジスタ製造を専門としアメリカ航空宇宙局（NASA）アポロ計画用のコンピュータ部品も手がける。

1969年

スタンフォード研究所は、のちにインターネットの基盤となる米国政府の研究プロジェクト「アーパネット」の4ノード（訳注:データ通信におけるネットワーク接続ポイント）の1地点となる。

1956年

トランジスタ発明者のひとりウィリアム・ショックレーがショックレー半導体研究所をカリフォルニア州マウンテンビューに創設。地元のスタンフォード大学卒業生を多数採用し、初めてシリコン製トランジスタ作成に成功した会社となる。

1968年

化学者ゴードン・ムーアと物理学者ロバート・ノイスがフェアチャイルドを退社し、サンタクララにインテル社を創設。それから数年にわたり、フェアチャイルド元社員らによって半導体メーカーのAMDやエヌビディア、ベンチャーキャピタルのクライナー・パーキンス・コーフィールド・アンド・バイヤーズが創業される。

1970年

ゼロックス社がパロアルト研究所（PARC）をパロアルトに設立。70年代の終盤に、同研究所を見学中のジョブズはマウスのプロトタイプや画期的なGUI技術の存在を知り、これがアップル製リサの主要機能の着想につながった。

宇宙に衝撃を与える

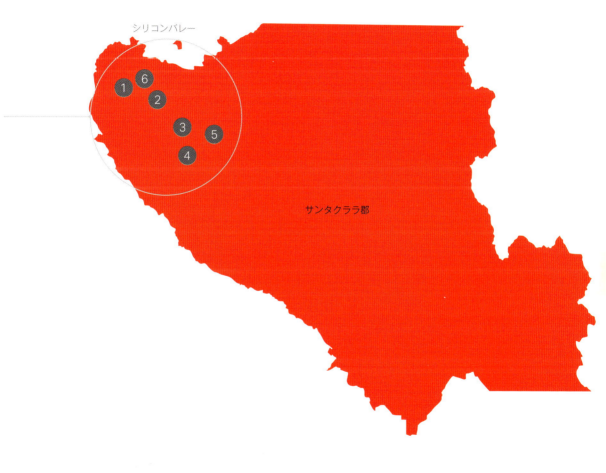

第 2 章

創造性は何かを
つなぎ合わせること

スティーブ・ジョブズ　グラフィック伝記

> 「じゃあ本当の両親はあなたのこといらなかったのね？」
> ジョブズは子供のころから
> 自分が養子であることを知っていた。
> しかしあるときこのナイフのような言葉に
> 突き刺されてひどく落ち込んだ。

　まだ6、7歳のころだった。近所の女の子から爆弾のような質問が飛んできたのだ。
「頭の中が真っ暗になってしまったんだ」。ジョブズは50年も前のことを鮮明に覚えていた。「泣きながら家に駆け込んだよ。両親とも超真面目な顔で僕の目を覗き込んで『それは違うよ、よく聞きなさい』って言ったんだ。『私たちがお前を選んだんだよ』ってね。何回も繰り返し、一語一語に力を込めて」。

　大人になってからもジョブズが短気な行動に走るのは、この捨てられた過去が原因かもしれない。よくそう指摘されることもあった。しかし本人はこの説を真っ向から否定する。逆に養子になったという意識から独立心が養われたし、育ての両親から受けた愛情のおかげで、捨てられた子としての悲しみは薄らいでいたのだ、と。

「いつも自分は特別なんだ。両親がそう思わせてくれていたよ」

　ジョブズは活発で気性の激しい性格の子供だった。両親にとっては、このずば抜けて好奇心旺盛な息子を育てるのは簡単なことではなかった。早起きをしては何か面白そうなことを探す子だった。ポールとクララはそんな彼に木馬やリトル・リチャードのLPレコードとプレイヤーを与えたりして、早朝の時間を1人で過ごせるようにしていた。

　ジョブズは地元の病院でも顔なじみの存在だった。救命病棟に駆け込んだのは1回だけではない。あるときはアリ駆除剤を飲み込んでしまった。またヘアピンをコンセントに入れたらどうなるかが知りたくて実験をしてしまったときもあり、手に重い火傷を負って治療を受けたこともある。

　生みの母親との約束を守ろうと、ポールとクララはジョブズを大事に育て学習面でしっかり発達するよう最善を尽くした。間違いなく手のかかるタイプの子だったが、ジョブズは飛び抜けて賢かった。この点は両親、本人ともに子供時代からはっきり自覚していたのだった。

同年齢の子供より明らかに頭が良く、ジョブズにとってモンタ・ロマ小学校の授業は物足りなかった。退屈感からいたずら行為に走ったり、簡単すぎる課題を拒否したりして、ポールとクララをやきもきさせた。

　悪ふざけは子供時代からの傾向だったが、特に目立ち始めたのは3年生のころからだ。あるとき気の合う友達リック・フェレンティーノとつるんで、先生の机の下に爆薬を仕掛け破裂させてトラウマを与えてしまう。また、2人は他の生徒たちから自転車の鍵番号を聞き出し、そっと鍵をつけ替えて大混乱を引き起こすといった悪ふざけもした。

　ジョブズは学校でそうした大騒ぎを起こしてはしょっちゅう家に帰された。ポールは息子を厳しく叱る一方で、学校側にも改善点があると指摘したものだ。先生たちには、ジョブズは特別な子供であるゆえ学校側はそうした生徒が興味を持って学べる体制を作るべきだと交渉したのだった。

　4年生のクラス替えでジョブズとリックは別々のクラスに振り分けられた。ジョブズの担任は「テディ」という愛称のイモジーン・ヒル。彼女こそジョブズの知性を見抜いた初めての教師だった。のちに本人もイモジーン先生は救世主だったと賞賛する。「あの先生ほど色々と教えてくれた先生はいなかったよ。彼女がいなかったら僕は刑務所に行ってただろうな」。

　学校で問題児扱いされていたジョブズだったが、イモジーンはやる気を出させるよう懸命に取り組む。最初のうちは、算数の練習帳をちゃんと終わらせるとペロペロキャンディーや5ドルの賞金といったご褒美を与える形で進められた。やがてジョブズ自らが先生を喜ばせたいから頑張ろうという気持ちに変わり、もうご褒美でつる必要はなくなっていく。そしてジョブズは頭角を現していくのだった。

　学習の成果を確信したテディは4年生の学年末、ジョブズに学力検査を受けさせた。すると（6学年分も上の）高校2年レベルという成績が出た。これを受けて学校側はジョブズに2年飛び級して7年生への進級を提案する。慎重に考えた結果、ポールとクララは1年だけの飛び級に合意した。

　教師や両親からすれば正しい選択に思えたのだが、ジョブズ本人にとっては辛い道のりが待ち受けていた。飛び級によってクリッテンデン・ミドルスクールに通うことになった。ギャングの対立。レスリング試合で負けたライバル校のバスの放火騒ぎ。この中学はそうした地元新聞の見出しを飾るような事件を起こす荒れた雰囲気の環境だった。年下で落ち着きがなくひ弱な感じのジョブズはよくいじめられた。

　1年間は我慢して通い続けたものの、ついに両親に最後通告を投げつける。6年生が終わったらあの学校にはもう行かない。他のもっといい学校に通わせてくれ、と。のちに人

生の要所要所で顕著となるジョブズの強情さはこの頃から健在していたのだ。学校を変えるためには別学区に引っ越さなければならず、すでに経済的に厳しい子育て家庭にとっては大きな負担だった。しかしポールもクララも、マウンテンビュー学区で暮らし続ければ、いずれ妹パティの学校環境も心配になると悩んでいた。このため一家は南へ5キロ弱離れたロスアルトスへの引っ越しを決めた。

引っ越し先は経済的にそこそこ豊かな地域で、近隣の住民にはマウンテンビュー以上に技術職の人が多かった。かつて辺りはプラムの果樹園が広がっていた地帯である。ジョブズ一家はクリストドライブ2066番地にある閑静な3ベッドルームの一軒家に新居を構えた。新居についているガレージは最大のポイントだろう。ポールが中古車の修理を続ける作業場であったが、このスペースこそが、のちにアップルコンピュータ誕生の原点となるのである。

ジョブズは引っ越し先の環境を気に入る。新しい学校クパチーノ・ジュニアハイスクールではさっそくクラスメイトのビル・フェルナンデスと友達になる。2人とも電子機器が好きで仲良くなり、学校のサイエンスフェア用のプロジェクトを一緒に組んだりもした。放課後はビルの自宅ガレージで電気製品の修理をしたり、あれこれいじっては何時間もぶっ通しで過ごしたりしていた。

またジョブズは、引っ越した後も以前のご近所さんで、あのカーボンマイクを持っていたHP技術者ラリー・ラングの家に遊びに行くこともあった。ラリーはオシロスコープやラジオといった電子機器を自作できる技術愛好家用のヒースキットを紹介してくれた。ジョブズはのちに、このときの経験が自らの決定的な基礎訓練になったと認める。

「テレビを見て『作ったことないけど、自分にもできるだろう』って思ったんだ。『ヒースキットでもう別のものを2つ仕上げていたから、カタログに載ってるテレビだって作れるぞ』ってね」

「実際に手を動かしてみると、もの作りが自分でできるってことがよくわかったよ。突然目の前に面白いものが現れるとか、中身が何だかわからないっていう感覚とは違うんだ」

ラングの勧めでジョブズは毎週火曜日夕方に開かれるエクスプローラーズクラブ（訳注：探究クラブ）に参加する。会場はパロアルトにあるHPの食堂。こぢんまりとした集まりだったが、ジョブズはここでさらに知識を深めていくことになる。参加者たちは同社エンジニアによる講義を受けて電子機器のプロジェクトに取り組むのだった。

ある晩、クラブの活動の一環でジョブズはHPの研究室を見学することになる。そこでは自分の将来を垣間見るような心踊る光景に出くわす。当時HPが開発中の新型のマシンを見せてもらったのだ。

インスピレーションの源 〜 HP9100A

ホームステッド・ハイスクールのエクスプローラーズクラブに所属していた時代。感受性豊かな若者であったジョブズは初めてHP社製マシン9100Aを目にする。そのときの印象は「一目惚れだった」。『ワイアード』誌で世界初のデスクトップコンピュータと紹介された「豪華な計算機」はジョブズに大きな影響を与えたのだ。

発売
1968年

重量
約18キロ（サイズ・重量は当時のオフィス用タイプライターほど）

価格
5000ドル

（2017年の物価に換算すると約3万6026ドル93セント）

ディスプレイ
3行表示式ブラウン管（CRT）

ストレージ
磁気カード

ハードコピー
オプション式ロールプリンター

世界初の科学的計算機
三角関数・常用対数・自然対数・指数関数の計算操作が可能

創造性は何かをつなぎ合わせること

創造性は何かをつなぎ合わせること

「あそこで初めてデスクトップコンピュータを見たんだ。9100Aというモデルの豪華な計算機で、世界初のデスクトップコンピュータだった。デカくて20キロぐらいあっただろうけどとにかく綺麗でね。一目惚れしたよ」

子供のころにジョブズはビル・ヒューレット（訳注：HP創業者）の自宅に電話をかけて20分ほど話をしたことがある。そして夏休みに同社の組み立てラインでアルバイトをさせてもらったのだ。ジョブズは当時の体験を振り返った。「周波数カウンターを組み立てる……まぁ組み立てるって言うと大袈裟だろうな。僕がしたのはネジ締め作業だけだけど、それでも十分だったよ」。

「HPでの初めて組み立てラインに立った日のことを覚えているよ。夏休みにそこにいられるだけで、とにかく嬉しくて、楽しくて。そう現場の監督に話しかけたんだ。クリスっていう名前の男性だった。僕は世界で一番エレクトロニクスが好きなんです、ってね。そしてあなたの好きなことは何ですか、って質問したら『セックスだよ！』って返された。あの夏は色々学んだよ」。ジョブズは懐かしそうに語った。

成長の階段をのぼり続け1968年の秋、ジョブズは友人フェルナンデスとともにホームステッド・ハイスクールに入学した。当時の米国社会は混乱の真っ只中で、全国的にベトナム反戦の暴動が学校内のあちこちで勃発し、バークレーやサンフランシスコの州立大学も例外ではなかった。リンドン・ジョンソン大統領への支持は揺らいでいた。そんななかマーチン・ルーサー・キング・ジュニア牧師暗殺に続いて数週間後にロバート・ケネディ（訳注：ジョン・F・ケネディの実弟）が暗殺され、現状に不満を抱く若者たちの理想主義への欲望はさらにかき立てられた。こうした時代の流れを受け、ベイエリアでカウンターカルチャーが広がっていったのだった。

社会環境が変わりゆくなかで思春期を送るジョブズも自然と感化されていった。高校1年生のときは当時の反逆者精神に染まって髪を伸ばした。在校生2000人の校舎は、地味で不規則に広がる2階建てビルで、刑務所をデザインした建築家が手がけたものだった。ジョブズはなかなか同年齢の友達を見つけるのに苦労し、気の合う最上級生の連中とつるむようになっていた。肝心の電子機器はもちろん、初期のヒッピー文化に関心を寄せつつイタズラにも熱中した。

盛り上がりを見せるエレクトロニクス分野に夢中な仲間を増やしたい。当時そう感じていたフェルナンデスはジョブズに友達を紹介する。はんだ付けや回路基板のプロジェクトで困ったときにフェルナンデスがまず助けを求めに行くのが、同じ通り沿いに住むスティーブ・ウォズニアックだった。ロッキード社のエンジニアの息子であったウォズニ

アックは、地元のエレクトロニクスフェアで入賞を重ねており、この界隈では有名な電気少年として知られていた。IQ値200という頭脳をもち、11歳で電子版マルバツゲームを完璧な論理回路の設計で完成させている。10代後半にはプログラミング言語のFORTRAN（フィートラン）をマスターしていた。

　初めて出会った日、ウォズニアックはジョブズに最新のプロジェクトを披露してみせた。フェルナンデスの父親のガレージで1年以上取り組んだものだ。フェルナンデスの助けを借りながら、近所の半導体会社から回収してきた廃棄部品を使ってコンピュータを完成させたのだ。夜中の作業中、2人はクラグモント・クリーム・ソーダばかり飲んでいたため「クリームソーダ・コンピュータ」という名前がつけられた。この1台こそ事実上、愛好家レベルで完成した初のコンピュータだったといえるだろう。似たようなマシンが市場に出回るよりちょうど5年前のことだ。基本的には電卓のようなもので、パンチカードを用いてプログラムをセットすると、計算結果が点滅ライトによって画面に表示される仕組みだった。ジョブズはこのデモに大変な衝撃を受ける。ウォズニアックのコンピュータ知識はどの友達よりもはるかに上をいっていると圧倒されてしまった。

　ウォズニアックはジョブズより5歳年上だったが、2人には共通点が多かった。これまで仕掛けたイタズラや好きな音楽についてあれこれ語り合う。ジョブズが音楽への関心を高めていくのもちょうどこのころであった。

　恥ずかしがり屋でオタク系、そして何となく子供っぽいウォズニアック。一方、雄弁で明らかに社交的な性格のジョブズ。同名の2人はまったく対照的だったが、ウォズニアックはジョブズのエネルギーと情熱に感心し、ジョブズはウォズニアックのずば抜けた知識とスキルにたまげていた。この出会いは大きな可能性への原動力となり、2人のスティーブは運命に導かれて伝説をもたらすことになるのだ。

スティーブ・ジョブズ　グラフィック伝記

ウォズ

ジョブズより年上
1950年8月11日、カリフォルニア州サンノゼに生まれる。ジョブズより5歳年上。

80年代に手持ちのアップル株をほぼすべて売却
エンジニアリングに集中できる新環境を求めて、1985年にアップルコンピュータ社から退職。この時点でほぼすべての株を売却。

類まれな才能
子供の頃からエレクトロニクスやコンピュータに興味を持ち得意分野であった。5年生のときに独力で無線送信機と受信機を完成させる。その翌年、Tic Tac Toe（訳注：9つに仕切った正方形格子に2人のプレイヤーが交互に十の字とマルを入れていくマルバツ）ゲーム機を作っている。

飛行機事故から生還
1981年、サンタクルーズ・スカイパークでの離陸に失敗し重傷を負う。一命は取りとめたが事故後しばらく記憶を喪失し、徐々に回復をとげた。

大学をドロップアウト
ジョブズと同じ大学のドロップアウト経験者。1971年にカリフォルニア州立大学バークレー校に編入学したが、4年生進級の学費を稼ぐためにいったん電子工学の勉強を中断しHPで働き、のちにアップルコンピュータ創業に取り組む。ブランクを経て1986年に復学し学士を取得。

フリーメイソン所属会員*
1980年、当時の妻アリスと過ごす時間を増やそうと会員になった。　＊世界的規模で道徳教育や慈善活動を展開する友愛団体

独力でApple Iを開発
ハードウェアから、回路基板デザイン、オペレーティングシステムまですべて独自開発し1976年に完成。続くApple II設計もほぼすべて1人で担当。

プログラム可能な世界初ユニバーサル・リモコンを完成
1978年、ウォズニアック創設のスタートアップ企業CL9社がCOREを作成。

創造性は何かをつなぎ合わせること

全米発明家殿堂入りを果たす
ヘンリー・フォードやジョージ・イーストマンに続いて2000年、パーソナルコンピュータ製作の功績を称えられて殿堂入り。

セグウェイ好きスポーツマン
セグウェイポロを趣味として楽しむ。乗馬による伝統スポーツと同様に、今日、セグウィポロは国際競技として国際セグウェイポロ協会（ISPA）により統括されている。

音楽フェスティバルを主催
1982年のアップル休職期間中、ウォズは3日間の大型イベント「USフェスティバル」をレイバーデイ（祝日）から週末にかけて開催した。ヴァン・ヘイレン、フリートウッド・マック、グレイトフルデッドなどの著名アーティストが出演したが結果は大赤字であった。

ずっとアップル従業員
ウォズは今日もまだ毎年固定額（推定12万ドル以上）を受け取っている。

第3章

クレイジーな人たちに乾杯

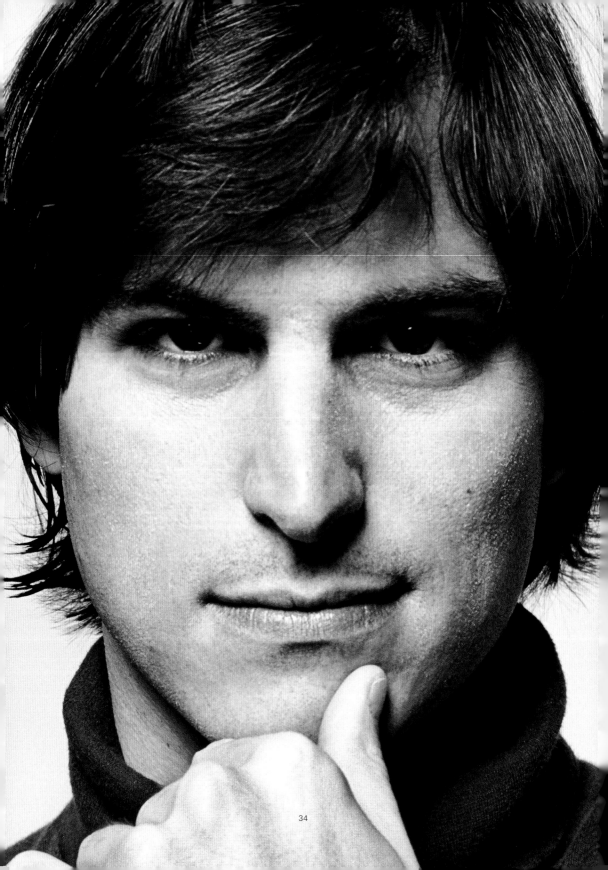

ホームステッド・ハイスクールではカリキュラムの必修科目と合わせて多くの選択科目を受講することができる。この地域の学校は大半がそうである。自動車整備や木工細工などの人気科目と並んで、とりわけクパチーノっ子たちの創作意欲を刺激するクラスがあった。

　定年退職した元海軍パイロットのジョン・マッカラム先生は、未来のコンピュータエンジニアを育成する熱心な先生だった。先生にとって、スティーブ・ウォズニアックは特にお気に入りの生徒であった。ジョブズが同校に入る1、2年前に年上のウォズニアックはすでに卒業している。

　話し上手なマッカラムはまるで芸人のような教師だった。授業は実践的かつ製品重視のアプローチを理論に組み合わせる形式で、彼の教室から数々の優秀なエンジニアが輩出された。実際、マッカラムの授業をきっかけにエンジニアを志し、のちにアップルコンピュータの主要エンジニアになった者もいる。

　マッカラムの講義スタイルには軍出身者としての経験が反映されており、規律と敬意を重んじていた。保守的でしつけに厳しい家庭環境で育ったウォズニアックのような行儀の良い生徒にとっては何の問題もなかった。

　一方、反抗的でときに傲慢ともいえるジョブズの態度にはしっくりこないものがあった。そしてある日、授業中に孤立気味で偉そうに振る舞うジョブズと衝突する。ジョブズが授業用のプロジェクトに必要な部品を探し求めていたときのことだ。その数カ月前、大胆にもジョブズはウィリアム・ヒューレットの自宅に電話をかけたときと同じように、デトロイトにある部品会社にコレクトコールで電話をかけた。そして新製品を設計中のため部品テストをしたいと伝えてサンプルを要求したのだ。

　「もの凄く腹が立ちました。生徒たちにそんな行動をとって欲しくないですから」。マッカラムはジョブズの手口を知ったときの気持ちを語った。

　「案の定、部品は数日後に航空便で到着しましたよ。結果オーライだったとはいえ、彼のやり方はイヤでした」

　高校2年生になるとジョブズはマッカラムのクラスをやめてしまった。おそらく自分は真面目なエンジニアというより修理屋のタイプだ。科学者よりも夢を追う人間、デザイナーの方が向いてるだろう。そう悟ったのかもしれない。

　ジョブズは電子工学の数学的、体系的な理論にはうんざりしていたが、電子機器の部品やコンポーネントへの興味は持ち続けていた。コンポーネントをいじる作業よりそれらを使った金稼ぎの方へ関心が移っていく。故障車を値切って買っては修理をして転売する。そんな父ポールの手法と同様に、ジョブズも放課後の自由な時間にコンピュータや音響機

ブレイクアウト！
Breakout

ジョブズとウォズニアックはバットとボールを使った
アーケード用オリジナルゲームポン(Pong)に斬新な工夫を加えて、
アタリ社のブレイクアウトを完成させた。

1万1000台
生産ラインで組み立てられたアーケードゲーム機台数（推定）

家庭用ビデオゲーム版
1978年発売。アタリ製ビデオゲーム機Atari 2600用に初めて発売されたカセットの1つ。

2
レベル設定 – 当時のビデオゲームでは斬新な機能であった。

4
プロトタイプ完成までウォズニアックの要した日数。

イースターエッグ
iPodオリジナルの設定内の「情報（About）」メニューを選択しセンターボタンを数秒間長押しすると、ブレイクアウトの秘密バージョンが起動。アップルの起源を垣間見る仕掛けだ。

1975
開発が始まった年。当時のジョブズはまだ19歳だった。翌年5月に発売される。

シングルプレイヤー向けゲーム
アタリ創業者ノーラン・ブッシュネルは同社初期の人気ゲーム「ポン」をもとに1人用のゲームを構想していた。

白黒の画面表示
アーケード用キャビネットのブレイクアウトは白黒モニタを使用していたが、ブロックをカラーに見せるためにオーバーレイシートが画面に貼り付けられていた。

896
プレイヤーがスコアできる最高得点。

44
ウォズニアックが試作品に必要とした集積回路チップ総数。当時ほとんどのゲームは150個ほど必要だった。

スペースインベーダー
1978年に発売された『スペースインベーダー』開発者の西角友宏(にしかどともひろ)は、アタリのゲームとその得点順位やレベル分け機能に大きなインスピレーションを受けていたことを明かした。

器のパーツを部品業者ハルテク（訳注：新品から中古品までの色んな電子機器部品を販売する倉庫型ストア）の廃棄倉庫で見つけては、値付けし直して転売したり、修理に使って利益を出したりという商売を行っていた。

　このころジョブズとウォズニアックの親交はさらに深まる。フェルナンデスの自宅のガレージでともにたくさんの時間を過ごしていた。ジョブズ同様、学業面ではウォズニアックもいい結果を出せなかった。コロラド大学の1年生のときは悪い成績に落ち込んでいた。原因として勉強よりもブリッジやイタズラ遊びに身を入れていたことが挙げられる。また、ウォズニアックは大学のコンピュータを使って自分のプログラム作成に長時間を割いていた。後々の算出によれば、コンピュータサイエンス学部の予算で割り当てられる時間の5倍も利用していたのだ。しかし両親らは州外出身学生に課せられる高額な授業料の支払いができなくなる。この段階でウォズニアックはカリフォルニアへ戻り、地元のデアンザ・コミュニティカレッジに転校することになったのだ。

　その後ウォズニアックは、1971年初頭にカリフォルニア州立大学バークレー校に通い始める。60キロほどの距離を、ジョブズは週2、3回、サンフランシスコ湾を渡ってウォズニアックに会いに通った。ハルテクの仕事で稼いだお金で購入した赤いフィアット850クーペを走らせて。

　コンピュータに加えて2人は音楽への情熱も分かち合っていた。ウォズニアックの影響でジョブズは社会性の高いボブ・ディランのフォーク音楽を聴くようになる。ボブ・ディランの楽曲の解説文や政治的抗議、社会風刺を込めた歌詞について延々と語り合い、珍しい海賊版のテープを探し求めて一緒にあちこち奔走した。ウォズニアックは当時ディランの音楽に夢中になったことが人生観に大きな影響を与えたと話している。

　「ビートルズの音楽も良かったし好きだった。でもディランの歌詞は人生の意味を教えてくれる言葉で、自分の哲学と重ねて考えることができる。僕たちにとって大事なことだったんだ」

　ディランに取り憑かれたジョブズにとって、興味の中心が科学分野からますます離れ、高校3年生のころには芸術分野へと移っていった。とりわけ文学と映画である。

ハック・トゥ・ザ・フューチャー

ジョブズとウォズニアックによる事業は
「ブルーボックス」販売を機に始まる。
電話会社からの料金請求を回避させる単純な電気装置。
これさえあれば誰でも世界中へ無料電話をかけられてしまうのだった。

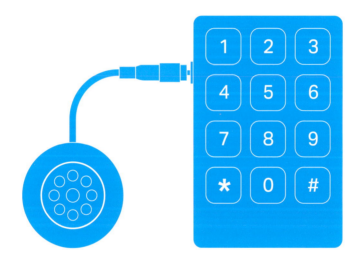

図書館での発見
ジョブズとウォズニアックはスタンフォード大学図書館で、無料電話をかけるヒントが詳しく載ったAT&T社の技術系専門誌を探し出し、初めてブルーボックスを完成させた。

2600ヘルツ
ブルーボックスの周波数。長距離電話をかける際にAT&Tが交換機で使うトーンと同じであった。

キャプテン・クランチからきたインスピレーション
電話回線ハッキングの先駆者ジョン・ドレイパーがシリアル食品「キャプテン・クランチ」のおまけの笛が2600ヘルツの音を出すことを発見した。

6000ドル
ブルーボックス販売でジョブズとウォズニアックが得た売り上げ額。

必要パーツ
2人がブルーボックス作成に用いたのは音声発振器、電話キーパッド、音声増幅器、スピーカー。

イタズラ電話の道具
ブルーボックスを使ってウォズニアックはバチカン宮殿に電話をかけた。ヘンリー・キッシンジャーのふりをして司教にローマ法王に取り次がせようとしたが就寝中のため会話はできなかった。

「初めてラリったんだ。シェイクスピアとかディラン・トーマスとか古典ものを読むようになったね。『白鯨』を読んだ後は小説執筆がしたくて1学年下のクラスを受講したよ」

　ジョブズはそれまで暇な時間の大半を費やしていた電子機器クラブの活動もやめてしまう。一方、友人のスティーブ・エクスタインと一緒にクラブを結成。レーザーライトを使って高校のマーチングバンドメンバーのためにジャズコンサートの演出を手がける活動を行った。Buck Fri Club（バック フライ クラブ）というクラブ名は、校長ウォレン・ブライルドの名前をからかいもじったものだ。コンサート活動のかたわら、同クラブは校内のイタズラ計画も実行した。悪巧みは金ピカに塗った便座を花壇に貼り付けるといったおバカなものから、フォルクスワーゲン・ビートルを学生食堂の屋根の上に載せるという超大胆なものにエスカレートしていった。

　ウォズニアックとその友人アレン・ボームはジョブズより先にホームステッド・ハイスクールを卒業していたが、ジョブズが3年生のとき、あるイタズラに協力することになる。卒業生の4年生たちへ向けてジョブズは別れの挨拶を贈ろうと思いついた。まずボームが大きなベッド用シーツを絞り染めで学校カラーの緑と白に染める。そこに中指を立てた手の形を大きく描き「お元気で、SWAB JOBより」というメッセージを入れた。ウォズニアックとボームを組み合わせたイニシャルSWABにジョブズの名前をかけている。そしていよいよ卒業生らが式終盤にバルコニー前を通りがかる絶妙なタイミングで、ロープと滑車の仕掛けによってこの下品な垂れ幕が下げられたのだ。このイタズラによってジョブズは停学処分を受け、学校の伝説として語り継がれるようになる。

　無秩序を好む傾向にあったジョブズとウォズニアックは、1972年の秋、初めてビジネスの冒険に一歩踏み出すことになる。ウォズニアックの母親が『エスクァイア』誌に息子が好きそうな記事をみつけて渡してやった。現在でいうハッカー集団的な組織に関して詳しく書かれたものだ。この組織は「ブルーボックス」という装置を作成していた。同装置を使えば電話会社が交換機に使うのと同じトーンを作り出せるのだという。まったく同一の周波数を再生すれば「電話オタク」たちは世界中の何処へでもただで電話をかけられてしまうということだ。

　長距離電話をかけるのは非常に高額で、大半の人は長距離電気通信業者を選ぶことができなかった。独占状態にあぐらをかく巨大な電話会社をギャフンと言わせる。そんなチャンスにウォズニアックはとにかくワクワクした。

「あの記事に釘づけになっちゃったよ。半分も読まないうちにスティーブに電話をかけて、ところどころ読んで聞かせたんだ」

その翌日、2人はスタンフォード大学図書館へ向かい、お宝を発掘することになる。まだあまり知られていない電話会社のトーンの模倣に必要な周波数。これを掲載した専門誌を見つけたのだ。

ウォズニアックとジョブズは有頂天となる。「手動タイプライターを持っていたから、記事全文をタイプし直したよ。一語一語をね。万が一なくしたら大変だから」。ウォズニアックは当時を振り返った。記事にはキャプテン・クランチの異名を持つ電話ハッカー（訳注：ジョン・ドレイパー）が取り上げられており2人はこの特集に注目した。このハッカーは、シリアルのキャプテン・クランチの箱についてくるオマケの笛を使えば2600ヘルツの交換機と同じ音を再生できることを発見していた。「きっと女性にモテそうなタイプの男なんだろうなぁと思ってたんだ。でも実際に会ってみるとオタクっぽかったよ」。ウォズニアックは回想する。「何日もシャワーしてないって感じで臭かったしね」。

キャプテン・クランチのアイデアを土台にして改良してみよう。そう思い立ったウォズニアックは独自のブルーボックス設計に取りかかった。音の高低を変化させる発振器の仕組みには精通していた。一方、ジョブズは周波数カウンターを何年か前に作成した経験があり、HPのアルバイト期間に組み立てラインの作業をしたこともあった。この体験のおかげでウォズニアックの設計品を試す方法を心得ていた。

そこら中に出回っているアマチュアレベルのブルーボックスとは一線を画す装置を作ってやろうと、ウォズニアックは数カ月かけて、部品数を減らしつつ従来のブルーボックスの複雑な構造を簡素化したデザインを完成させた。ウォズニアックにとって初のプリント回路基板を用いた電池駆動型装置で、キーパッドがイヤホンに繋がれていた。このブルーボックスはよくできた構造で、電源オンオフのスイッチなしに機能し、どれかキーを押せば自動的に作動する仕組みになっていた。まるでのちのアップル製品の洗練されたデザインを先読みしたかのようである。

当然の成り行きであるが、2人はこの新装置を使ってイタズラ電話をかけるようになる。ウォズニアックがヘンリー・キッシンジャーを装いバチカン宮殿に電話をかけた話は有名である。この際、電話相手を怪しんだ司教が実際にキッシンジャーに電話をかけてしまう。結局、就寝中のローマ法王に取り次がれることなく会話のチャンスは消えてしまった。

ジョブズにとってもブルーボックスは、その後の2人のパートナーシップの可能性を示唆する機会となった。「ブルーボックスを友達にあげたり、自分たちで使ってみたんだ。そのうち電話をかける相手がもういなくなっちゃって。10代の僕たちが100ドル程度の費用で

ブルーボックスを作る。それが世界中のあらゆる電話回線を繋ぐ何千億ドル規模のインフラをコントロールしてしまう。まるで魔法みたいだったよ」。そうジョブズは語った。

これがウォズニアックだけのイタズラだったら、ブルーボックスを作って電話がうまくかかった時点で相手に一泡食わせたと満足して終わっていたかもしれない。しかしジョブズはすぐさまこの装置が持つ可能性に気づいた。そして無料電話に興味のあるカリフォルニアの大学生たちに向けてブルーボックスを売るというビジネスを思いついたのだった。

2人はこの違法極まりないブルーボックスを学生寮の廊下で売り歩こうとくらんだ。ドアをノックし「ジョージ」の部屋かと尋ねて回る。ジョージは架空の電話オタク、つまりでっち上げのキャラクターである。もし相手が興味を持ってくれたら、営業モードでブルーボックスの機能をあれこれ紹介するのだった。たいていこの手法で話はうまく進み、違法ブルーボックスはなんと300ドルもの値段で売れてしまうのであった。

「あの経験からアイデアの大切さを学んだよ」。ジョブズは自信たっぷりに述べた。

ジョブズらは100台ぐらいのブルーボックスを作成し6000ドルほど稼いでいた。しかしこのビジネスは突然看板を下ろすことになる。2人はサニーベールのピザ屋で強盗に銃を突きつけられるという事件にあってしまったのだ。当時の危険な体験を回想しながら、2011年にウォズニアックはダン・リヨンズにこんな話をしている。「男の2人組がいてね、ブルーボックスを欲しがりそうな客に見えたんだよ。だから公衆電話まで連れて行ってシカゴに電話をかけてみせたのさ」。

「奴らは夢中になって欲しがったけどお金がないって言うんだ。それで僕たちが車に戻ったら銃を手にやってきてスティーブの顔に突きつけたんだよ。ブルーボックスは渡したさ。でも奴らは使い方がわからないから、電話番号を渡されて後でやり方を教えろって言われたんだ。奴らが警察に捕まったり請求書が届くようにする方法を思いついたんだけど、試さなかったよ。でもなぁ、やってたら面白かっただろうなぁ」

2人の冒険には飛んでもない結末が待っていたというわけだ。しかしブルーボックスが持つ可能性がはっきりと証明され、ジョブズはウォズニアックの天才ぶりを伝える指揮役かつパイプ役を担ったのである。こうして後々に実現されるとてつもない大成功の土台を築く体験となったのだ。

実際、ジョブズは迷いなく言い切っていた。「あのときブルーボックスを作ってなかったら、今のアップルはなかっただろう」。

第 4 章

さぁ始めよう

スティーブ・ジョブズ　グラフィック伝記

当時、ウォズニアックの最大の関心は依然としてエレクトロニクスの緻密な技術や将来性にあった。一方、ジョブズは生きることの意味を真剣に追求するようになっていた。そしてベイエリア一帯を取り巻くカウンターカルチャーにのめり込んでいく。

　「ここはカリフォルニア。作りたてのLSD（訳注：幻覚剤）だってスタンフォードで手に入ったよ。夜の砂浜でガールフレンドと一晩過ごしたって大丈夫。カリフォルニアには何でも試したがる気質が流れていて、新しいことにオープンなんだ」。ジョブズは当時をこう回想した。

　精神の修養へ興味が高まり、根本的に内なる真実を追求する中で、ジョブズは完璧な食事法の確立に取り組み始めた。ここから食生活へのこだわりは一生続くことになる。当時のジョブズは野菜と果物のみの摂取を貫いていた。

　1972年の前半、ジョブズに初めてのガールフレンドができ交際が始まった。お相手はホームステッド・ハイスクール3年生のクリスアン・ブレナン。彼女はバックフライクラブのバンドメンバーの音楽を題材にアニメ映画を作成していた。小柄で芸術家肌の開放的な性格だった。学校側からの詮索や監視を避けるべく授業外の時間を使って制作にあたっていた。明らかに組織的な圧力を嫌うブレナンの態度に共感を覚えたジョブズは彼女に魅かれた。またブレナンにとっては、ポエム好きでギターをかき鳴らすようなジョブズから口説かれることで、サニーベールの自宅での家庭問題からやっと解放される気持ちになれた。彼女の両親は離婚準備中だったのだ。ブレナンはジョブズが悩み多き複雑なタイプだとわかっていたが、それでも面白い考え方や情熱的なところに惹きつけられた。

　夏を迎えるころ10代の2人のロマンスは盛り上がっていた。ジョブズがブルーボックス販売で稼いだお金をあててサンタクルーズ山脈の稜線上にある山小屋を借りて一夏を過ごした。これにジョブズの父親はまったくいい顔をしなかったが、息子はいつもの頑固さで押し通したのだった。

　両親への反抗的な態度は他にも見受けられた。養子縁組をした際の実母との約束を守るべく、ポールとクララはジョブズの大学進学のために可能な限り節約に努めてきた。そんな両親の気持ちをよそに、息子の決断に落胆させられる。というのもジョブズは、カリフォルニア州内出身者として学費が優遇されるウォズニアックと同じ州立大学バークレー校や、家から近く奨学金の可能性もあるスタンフォード大学を拒否したのだ。そして代わりに私立で学費の高いオレゴン州ポートランドのリード大学に行きたいと言い張った。太平洋岸北西部でトップクラスの教養学部系の大学であった。

「リードにしか行きたくない、それがダメなら大学は行かない。スティーブはそう言ってました」クララは当時のやりとりを思い出す。結局、両親は頑固な息子の最終通告に折れて、何とか費用を工面して希望校へ進学させてやったのだった。

リード大学に到着した日も、息子には両親の努力をねぎらう様子は見られなかった。ポートランドまで車で送ってくれた両親が一緒にキャンパスについて来るのを嫌がり「じゃあね」も「ありがとう」も言わなかったのだ。これについてのちにジョブズは後悔に襲われたことを認めた。伝記の著者ウォルター・アイザックソンにこう語っている。「本当に人生であれほど悔やんだことはない。僕は両親の気持ちを傷つけてしまったんだ、間違っていたよ。あんなに努力して僕を大学に行かせてくれたのに。あのとき僕はただ親がそばにいるのが嫌だった。両親がいるって誰にも知られたくなかった。列車に揺られて放浪しながら辿り着いた孤児。そんな風に見られたかったんだ。どこの出身かもわからない、家族も知り合いもない孤児みたいにね」。

ホームステッド・ハイスクールを卒業するころにジョブズの学習意欲はすっかり失せていた。両親に後ろ足で砂をかけるようであったが、ジョブズはその状態のままリード大学に進学したのだった。大学ではLSDをあれこれ試す生活から切り替わり、興味の対象は東洋思想が説く悟りへと移っていく。リード時代、ジョブズはダン・コトケと友達になる。ジョブズと同じワイルドな髪型をした青年で、ボブ・ディランの音楽が好きで、靴ぎらいといった共通点があり親交を深めていった。コトケは当時をこう回想する。「僕以外の友達はいなかったと思います。僕も『仲良くなれそうなヤツがいる』と感じました」。LSDやマリファナを常習していたコトケも精神修養に関心を持っていたため、2人は禅の教えや瞑想に夢中になり互いを刺激し合った。

ジョブズとコトケはリードの悪名高き存在であったロバート・フリードランドと親しくなる。LSD合法化を唱えたキャンペーンを成功させ1年生にして生徒会長になっていた。フリードランドには数年ほど刑務所に収監された過去があった。サンフランシスコ国際空港で3万錠のLSDをレインコートに隠し持っていたところを逮捕されたのだ。釈放後、自ら汚名返上すべくリード大学へ入学し、生徒会長に立候補したのだった。ジョブズより4つ年上でヒッピーを自認していたが、自信と魅力に溢れるエネルギッシュな性格の青年だ。早口でまるでセールスマンのような話し方をしていた。また決定的な点として、フリードランドはインドを旅して著名なヒンズー教導師ニーム・カロリ・ババとの面会も果たしており、東洋の精神性に対してさらに深い見方を示していたのだ。

コトケによればジョブズはフリードランドから大きな影響を受けていたという。「相手への売り込み方や、自分の殻を破って積極的に状況をコントロールするコツをロバートから学んだのだと思います。ロバートはいつも注目の的でした。彼が部屋に入ってくると皆んながすぐに気づくんです。でもリードに入ったころのスティーブはその正反対のタイプでした。ロバートと付き合うようになって徐々に感化されていきました」。

　ウォズニアックとクリスアンがキャンパスに訪ねてくることがあった。そんなときジョブズは大学での勉強量にうんざりした様子でしょっちゅう愚痴をこぼしていた。授業にますます身が入らなくなり、指定科目をサボる代わりに ダンスクラスに参加して女の子と友達になるのを楽しむようになっていた。

　こうした学習態度の結果は予測どおりとなる。1学期が終わった時点で成績は散々なものだった。結局ジョブズはドロップアウトして学費を部分的に払い戻してもらう。しかしリードの自由な気質を重んじる学生部長の友好的な計らいのおかげで、ジョブズはキャンパスを去らずにすんだ。そして大学寮の空き部屋を泊まり歩きながら、興味の湧くクラスを好きなように選んで聴講することを許されたのだった。そのなかにカリグラフィーのクラスがあった。それから何年も後にアップルでマッキントッシュ開発を手がけた際、当時リードで学んだ知識が大いに役に立つ。画期的なフォントや書体をマックに搭載する基盤となったからだ。

　大学で聴講生としてユニークな環境に置かれたジョブズは、それなりに充実した学習経験を積んだ。しかし一方、瞑想や禅宗の実践だけでは落ち着きのなさを鎮めることはできなかった。さらに極端な食事法に走るようになり、何週間もリンゴと人参のみを食べて過ごすときもあった。人参の食べ過ぎからジョブズの顔色がオレンジがかっていたと証言する友人もいる。心の探求のカギは東洋世界にあるはずだ。ジョブズはそう確信して、インドへ巡礼の旅に出ようと決心した。

　しかしそんな旅費はどこにもなかった。このため、リードで18カ月間を過ごしたのちジョブズは実家に戻って仕事探しを始める。『サンノゼ・マーキュリー』紙をめくっているとある求人広告が目に飛び込む。「楽しみながらお金を稼ごう」とあった。ベイエリアに拠点を置く草分け的なビデオゲーム会社アタリによる募集だった。当時、同社が発売したアーケード用ゲーム機「ポン」はテニスに着想を得たゲームで、シリコンバレー形成初期に地元で大評判となりやがて世界中でブームになりつつあった。

Apple I

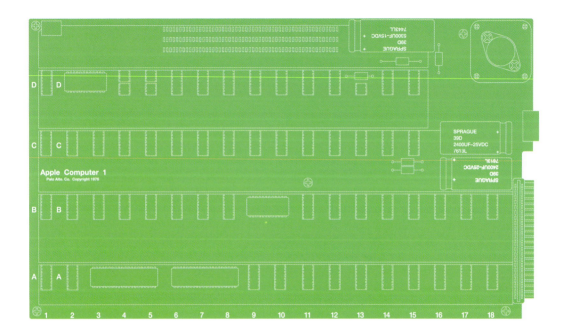

6502プロセッサ
わずか1.023メガヘルツで作動。他の競合商品CPUと比べて85%も安価で、このため製品のコスト削減につながった。

メモリ
8kバイトRAM。65kバイトまで拡張可能で当時は画期的な特徴であった。

マザーボード
当時としては珍しい組み立て済みでの販売。マザーボード1台に60個のチップが搭載されていた。

モニター
ウォズニアックはブラウン管テレビ用にマザーボードを補強していた。この時代では斬新な試み。

テープデッキ
追加型カセットテープインターフェイスによってユーザーはプログラム情報を保存できた。フロッピーディスクドライブの前身といえる。

キーボード
Apple Iは初めてキーボードインターフェイスを備えたコンピュータといえる。

200
全工程を手作業で製作されたApple Iの台数。

66
オンライン登録簿で確認されたApple Iの現存台数。

求人を見つけたその日、ジョブズはボサボサ頭にサンダル履きという姿でアタリ社ロビーに到着する。そして雇ってくれるまで帰らないと宣言した。結局ジョブズは粘り勝ちして同社チーフエンジニアのアル・アルコーンを紹介してもらう。おかしな格好の風変わりな19歳。しかしアルはこの大学落第組の青年を目の前に、何か魅かれるものを感じたという。結局ジョブズの強烈な説得に折れて、アルは自らのチームに採用を決めたのだった。
　当時のアタリ社員の大半は典型的なヒッピーもしくはドロップアウト系の連中であった。そんななかで、頑固かつ同僚に対して批判的で、おまけに衛生面の問題（そのころジョブズはヨーグルトや果物中心の食事をしていれば入浴の必要はないと信じていた）まで抱えるジョブズはオフィスで敬遠される存在であった。社員たちは創業者のノーラン・ブッシュネルに詰め寄って文句を言った。しかしブッシュネルは明らかに賢いこの青年を手放す気にはなれず、ジョブズを夜勤シフトに回す。こうしてジョブズの無作法や体臭に耐えられないスタッフらが顔を合わせずに仕事ができるようにした。
　アタリで働き始めて数カ月間がたち仕事が軌道に乗り出したころ。ジョブズは突然アルコーンに退職を申し出た。ヒンズー教導師に会いにインドへ行くのだという。多大な期待を寄せていた心の旅だ。おまけにアタリに旅費の援助まで要求した。さすがにジョブズの説得力を持ってしても、アタリが資金援助に興味がないのは当然であった。しかしアルコーンは旅費の一部負担を申し出たのだ。実は当時、ドイツでアタリ製アーケードゲームの画面ディスプレイに問題が頻出し修理ができないという現地業者からの報告に頭を抱えていた。そこで妥協案として、まずアタリがジョブズをドイツに派遣してこの問題に対処させる。任務遂行後にそのままインドへ飛べばいいという段取りが決まったのだ。
　ミュンヘンに到着すると、きちんとしたスーツ姿のドイツ人マネージャーたちは、クレーム処理にやってきた放浪者のようなジョブズの姿と失礼な態度に冷めた対応であった。しかしジョブズにとって問題の解決は朝飯前であった。さっさと作業を済ませスイスに少し立ち寄ってから、ニューデリーへと飛び立ったのだ。
　インド旅行の皮切りはハリドワールという町で催されるヒンズー教の祭典であった。そこからヒマラヤ山脈の麓にある村ナイニタールを訪れる。ここはかつてフリードランドが自慢げに話していた、インスピレーションに富んだ導師ニーム・カロリ・ババの故郷だと聞いていた。
　ところがジョブズに残念な結果が待っていた。村に着くとババの他界を聞かされたのだ。これには落ち込んだが、気持ちを切り替えて近くの村を探索する。そこで偶然、大勢の信徒を抱えて集会を開く聖人がいることを発見した。西洋風の洋服で長髪頭のジョブズは目立った。その姿にすぐ気づいた聖人は笑って彼の腕を掴むと丘の上へ引っ張って行った。

Apple I 価格の推移

666.66ドル
最初につけたApple Iの価格（スティーブ・ウォズニアックによれば創業者の2人ともこの数字の持つ宗教的な意味合いは知らなかったという）（訳注：666という番号は新約聖書のヨハネの黙示録に「獣の数字」として記され不吉がられている）。

500ドル
Apple Iの卸売価格。

2869.98ドル
インフレ率調整後の今日の価格。

5ドル
1977年にApple I用として発売されたミニスタートレックゲームの価格。

25ドル
Apple Iに使用されたMOS6502 CPUチップの価格。当初予定された175ドルのモトローラ6800 CPUよりはるかに安価であった。

さぁ始めよう

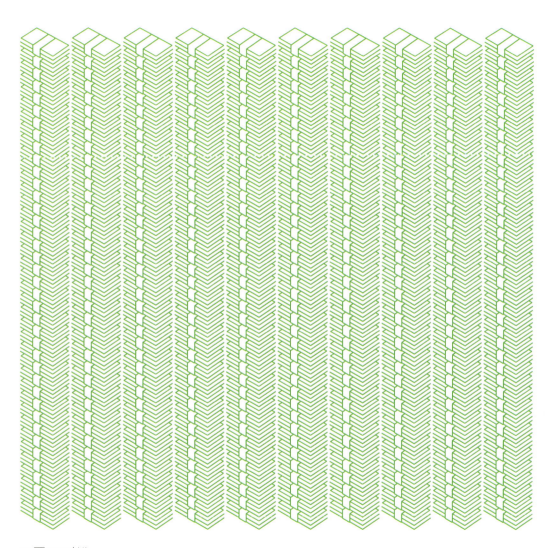

90万5000ドル

2014年、ニューヨークのボナムズによるオークションでの手数料込み落札価格。ヘンリー・フォード博物館が購入し、同館の米国史アトラクションの一部となる。アップルが出荷した初めの50台のうちの一つ。

プラットフォーム戦争

デスクトップPC用オペレーティングシステムに見る市場シェア

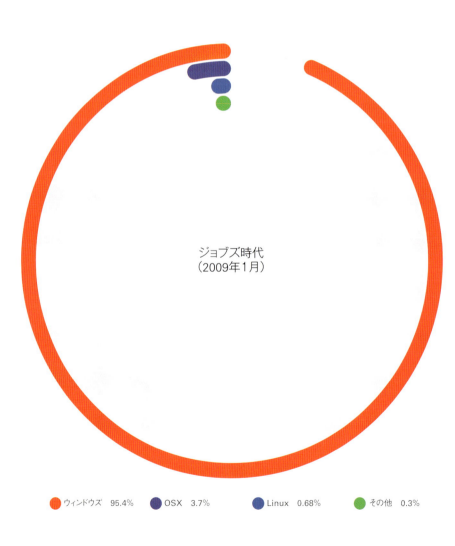

ジョブズ時代
（2009年1月）

● ウィンドウズ 95.4%　● OSX 3.7%　● Linux 0.68%　● その他 0.3%

さぁ始めよう

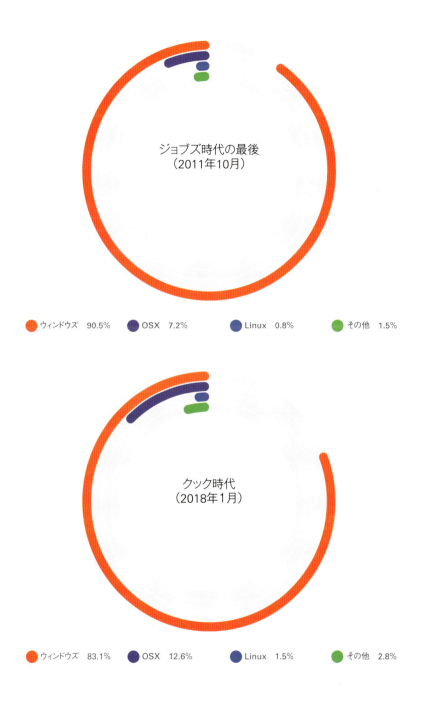

そして小さな池のあるエリアにたどり着くと、ジョブズの頭を水の中を沈めて濡らし、カミソリで長い髪の毛を剃り落としてしまった。この方が君の健康にはいいんだよ、と。
　インド滞在を始めてから数週間後にリード大学時代の友人ダン・コトケが合流した。2人は半年ほど国内で放浪生活を送る。この旅の経験によってジョブズには「直感力と経験による智慧の力」が吹き込まれた。これは西洋の合理的思考というアプローチとは大きく異なるものだ。しかし一方で、インド滞在を通してもジョブズが頑なに追求してきた心の平穏は実現できなかった。
　インドから帰国したジョブズの外見はまったく別人のように変わっていた。このため空港に迎えに行った両親はすぐに息子だと気づかなかった。カリフォルニアに戻ったジョブズはある意味カルチャーショックを受ける。そして、禅宗の道を追求しようと決め、クリスアンと一緒に実家から近いロスアルトス禅センターでの瞑想の会へ参加するようになった。ここで老師の知野弘文と出会う。弘文老師はジョブズのその後の人生に大きな影響を与える存在となる。実際、ジョブズの経営スタイルには弘文老師の教えが反映されていた。気持ちの赴くまま、自分の心の中から答えを見つけ出す力を求めるのだ。この信念はジョブズの一生を通して習慣化されていく。
　内なる真実とは何か——ジョブズが追いかけてきた質問の答えは、ついに弘文老師の指導のおかげで理解できるようになった。あまりにも真剣に修行に励んでいたため、出家して日本の福井県にある永平寺で僧侶になることまで考えた。しかし老師に相談すると予想外の答えが返ってきた。「僕はここに残るべきだと助言されました。ここにないものは向こうにもない（訳注：または「探しているものはすべてここにある」）と。それは正しかったのです。師を求めて世界を旅しようという意志があるならば、すぐ隣に見つけるだろう。この禅の教えの意味がわかりました」。
　1975年の夏、ジョブズは仕事を求めて再びアタリ社を訪れ、復職した。主にハードウェア関連の修理業務を任された。しばらくするとブッシュネルの特別プロジェクトに誘われる。大ヒットした「ポン」に続くゲームの考案を手伝うことになったのだ。結果として新ゲームは大ヒットしジョブズの評価につながる。が、それは同時に親友への酷い裏切り行為を伴っていたのだった。

第5章
心の自転車のように

スティーブ・ジョブズ　グラフィック伝記

アタリのテーブルテニスゲーム「ポン」はヒット商品となった。しかし同時にアーケードゲームとしての限界も明らかになった。プレイするには対戦相手が必要だったのだ。

　「ポン」発売から4年後、アタリ創業者兼デザイナーのノーラン・ブッシュネルは、「ポン」をバージョンアップさせたゲーム構想を固める。これがのちに「ブレイクアウト」となる。プレイエリアを90度回転させることができ、またパドルを持つ2人目のプレイヤーの代わりに8列のブロックに向けてボールをぶつけて崩していく。そんな構成だった。加えて注目すべき特徴は、各ブロックに点数が設定されてそれぞれ加算されていくスコア方式が導入されたことだ。

　ジョブズは社内で仕事ができるという評価を受けていた。ゲームのデザインがほぼ固まったところで、ブッシュネルはジョブズに試作品開発を指示する。当時、マイクロチップはかなり高額だったため、ブッシュネルは初期の想定数よりチップを1つ削減するごとに100ドルのボーナスを上乗せすると約束した。しかし試作品完成までに与えられた時間はたったの4日間。到底無理そうな話であった。

　ジョブズはこの企画に必要なハードウェア設計は自分の力では無理だろうとわかっていた。しかしブッシュネルからのチャレンジを受けて立つ。友達の力を借りれば納期までに完成できると思ったからだ。このころお金を稼ぐためにまた大学をドロップアウトしていたウォズニアックは、ちょうどHPで電子計算機を手がける割のいい仕事についたところだった。ウォズニアックはアタリが初期に出した自動車レースゲーム「グラントラック10」の大ファンであった。ジョブズはアタリに復職後、営業時間後によくウォズニアックをオフィスに誘って会社のマシンで何時間も遊べるようにしていた。

　時間的に厳しい条件であったが、ウォズニアックは喜んで新企画に加わった。HPでの仕事が終わるとアタリ社にやってきて、回路図の設計を徹夜で続ける。そして4日連続の完徹を乗り越えて期限内に試作品を完成させてしまう。しかも初期のデザインから不要なチップを5個も削減していたのだった。

試作品のできに喜んだブッシュネルはジョブズに700ドルの報酬と、極めて効率化されたデザインを評価してボーナス5000ドルを支払った。ところがジョブズは追加額のことを伏せたまま、プロジェクトに不可欠であったウォズニアックに対し謝礼の半分350ドルだけを渡す。残りのお金はリード時代のヒッピー仲間が集まるオレゴンのオールワンファームでの休暇に使ってしまった。

　ウォズニアックがこのボーナスの存在について知ったのは10年も後であった。1984年に出版されたアタリの歴史本であるスコット・コーヘン著『Zap!』を読んでからだ。ウォズニアックは真実を知って涙が出たと告白している。自分の取り分が少なかったからというより、フェアな扱いをされず利用されたと感じたからだった。

「些細なことなんだけど、スティーブは僕たちの報酬が700ドルだと言っていたよ。だから350ドルの小切手を切ってくれた。でも実際、彼は数千ドルもらっていたんだ。まぁ別にいいけどね。でも親友なんだからちゃんと教えてくれれば良かった。楽しい仕事だったし金額なんて二の次だったさ。お金なんてどうでもいいよね？　僕はね、友情や正直でいることを大事にしたいんだ」。2015年のインタビューでウォズニアックは語った。

　この裏切りにウォズニアックがもっと早い段階で気づいていたら、その後数カ月にわたる展開はあり得なかっただろう――つまり2人の人生を変える会社が誕生するまでの道のりである。

　1975年1月、マイクロコンピュータの「アルテア8800」が雑誌『ポピュラー・エレクトロニクス』の表紙を飾った。プラモデルのような組み立て式コンピュータキットで、アルバカーキに拠点を置くMITS社から発売されていた。これは製品化された世界初のパーソナルコンピュータと言われている。

　キットの価格439ドルは当時としては懐が痛い値段であり、組み立てには何日もかかって、慎重にはんだ付けする作業が必要だった。しかも完成品が機能すればいいほう、といった具合だ。つまり正真正銘のハッカーたちにしか取りかかれない工程だった。

　アルテアの持つ可能性にインスピレーションを受けて、シリコンバレー出身のコンピュータ愛好家の2名、フレッド・ムーアとゴードン・フレンチが、非公式の愛好家の会を立ち上げた。のちにホームブリュー・コンピュータ・クラブとなる集まりだ。地元の愛好家たちがオープンにアイデアを出し合う機会の提供を目的とし、部品や回路図の交換をしたり、コンピュータ製作のコツをシェアする場になった。第1回目の会合は1975年3月。カリフォルニア州サンマテオ群メンロパークにあるフレンチの自宅ガレージで開かれた。ハイテク好き30名ほどが参加し、このなかにウォズニアックがいた（同クラブ会員数はあっという間に数百人レベルに膨れ上がる）。

心の自転車のように

The Apple II

プラスチックケース
プラスチックケースに収容された初の商用コンピュータ。

ビデオ出力NTSC・PAL
（訳注:テレビに用いられるコンポジット映像信号の方式）
テレビに接続してコンピュータ表示画面として使える。

CPU
モステクノロジー製MOS6502（クロック周波数1.0メガヘルツ）。Apple I使用のものと同じ。

カセットテープ
カセットインターフェイスが備え付けられている。1978年に143kバイト、5.25インチのディスクドライブディスクが発表される。

メモリー
4kバイトRAM。64kバイトまで増設可能。

拡張性
8個の拡張スロットが設けられ、1番目の拡張スロットはRAM・ROMアップグレード用。

色
高解像度モード（280x192 pixel）16色（固定色）、低解像度モードで（40x48 pixel）で16色の表示が可能。商用コンピュータでは初の技術となる。

1298ドル
インフレ調整後の2017年の実質価格は5242ドル。

4万台
1981年、生産中止までの販売台数。

初回の会合で、ウォズニアックはアルテアに搭載されているのと同様のマイクロプロセッサに関するデータシートを初めて手にした。プログラミングによってアルテアに様々なタスクや機能を実行させることができるようになる。エレクトロニクスの天才青年ウォズニアックにとって貴重な体験だった。自伝のなかでもこの日について述べている。

「あぁ自分はこの瞬間のために生きてきたんだって思ったよ。僕はミニコンピュータの再設計もやっていたし、ポンやブレイクアウトで画面データの処理もわかってた。テレビ端子の作り方もね。クリームソーダ・コンピュータから始まって、色んなプロジェクトでメモリを接続してマシンを機能させる方法だって理解していた。だからこのカナダ製プロセッサみたいのと、あとはメモリチップがあればいいだけだってわかったんだ。それさえ揃えばずっと欲しかったコンピュータが手に入る！　スゴイよ、自分で作れるなんて。好きなようにデザインしたり格好いい機能を試してみたり。これからずっとそんな面白いことができちゃうんだからね」

　ウォズニアックは無我夢中になって回路図に取り組み、部品探しに奔走する。安価で作ったコンピュータをクラブの仲間たちにお披露目したいと思っていた。6月にはカラー画面の表示ができるプリント回路基板の試作を使ってジョブズを前にデモを行った。さらにユニークな点は、ウォズニアックのコンピュータは従来の一連のスイッチではなく、インターフェイスとしてキーボードが使われていたことだ。
　初めてコンピュータの電源をつけて試験してみた瞬間は驚異的であった。画面にカーソルが現れる。しかもウォズニアックが押すキーにちゃんと呼応して文字が表示されるのだ。「キーボードを少し叩いてみたらビックリしたよ！」ウォズニアックは回顧録で語っている。コンピュータにタイピングしたら「それが目の前の画面に映るなんて」。史上初めてのことだった。
　ジョブズはウォズニアックに誘われてホームブリュー・コンピュータ・クラブの会合に何度か参加してみた。ウォズニアックが新しいコンピュータのデモに使うための大きなテレビモニターを運ぶのを手伝った。
　ウォズニアックとしては、自分のマシンを他の人のために役立てたいと考えていた。無料でコンピュータを提供し、回路図も会員たちと積極的にシェアするつもりでいた。しかしジョブズはもっと大きな視野で考えていた。そこでウォズニアックにいいアイデアをシェアしすぎないようアドバイスした。会員たちにはウォズニアックの回路図を見ながらコンピュータを自作する時間的余裕はないだろうと主張。だから代わりに事業を立ち上げ

ようと提案したのだ。自分たちで回路基板を組み立て、仕上がったものを販売してみようと。

　最終的にウォズニアックは話に納得し、ジョブズと共に計画実行に踏み切る。会社設立にあたり社名を決めることになった。マトリックス、エグゼテックなどが候補に挙がったが、技術色が強すぎるという理由で却下。そこへジョブズがオレゴンのオールワンファーム滞在から戻ってきた際、ふとアップルという名前を思いつく。子供っぽい印象を与えるだろうか。あるいは今はなきビートルズのレコードレーベル名と衝突するだろうかとジョブズは心配した。しかしアップルという名前は、当時、再び果食主義に徹していたジョブズにとって実にしっくり響くものだった。2人ともそのシンプル感を好み、また電話帳でアタリよりも前にくる点も気に入って、結局、社名はアップルと決定した。

　会社設立にあたりウォズニアックは興奮していたが、アップルの仕事に専念するのは難しいと思っていた。というのもHP社員として忠誠心を感じていたからだ。実際、ウォズニアックは自ら作成した設計図をまずHPに提示すべきだろうと考えていた。ジョブズは会社の創業期を安定化させたいと思い「大人の監督役」としてロン・ウェインに声をかける。アタリ勤務時代に夜勤マネージャーをしていた中年エンジニアだ。

　回路基板はアップルというパートナーシップが所有するべきである――ウェインの主な役割は、このポイントをウォズニアックに納得させることだった。素晴らしいエンジニアが功績を残すためには優れたビジネス感覚を持つ人間とチームになって取り組まなければならないのだとウェインは主張したのだ。ウェインの落ち着いた説得によってウォズニアックもチームの重要性を理解し、いよいよパートナーシップが結成された。

　ウォズニアックはどうしてもHPへの忠誠心を抑えきれなかった。一応、上司に最近取り組んできたプロジェクトについて報告の義務があると考え、自作のコンピュータのデモを行ったのだ。ところがデモを見学したシニアマネージャーらは試作品に関心を示さず、がっかりする結果で終わった。上層部はウォズニアックのマシンは愛好家にしかアピールできない、HPとして製品化するのは難しいだろうと判断したのだ。この却下にウォズニアックはショックを受ける。しかしこれで心おきなくアップルとのパートナーシップ活動に乗り出せることになった。

　1976年4月1日、ジョブズとウォズニアックはウェインが文書にしたパートナーシップ契約に署名した。出資率と利益分配率を3分割し、ジョブズとウォズニアックがそれぞれ45パーセント、ウェインは10パーセントと明記された。ウォズニアックは「電子工学系業務の一般的および中心的な責任」、ジョブズは「電子工学およびマーケティング業務」を担当。そしてウェインは「機械工学および文書作成業務」の責任者かつ意見衝突が生じた際の調停役となった。

スティーブ・ジョブズ
が取得した素晴らしい特許の数々

ジョブズは熱心な発明家であった。
その名は458件ほどの特許に記載されている。
うち141件は没後に登録されたものである。

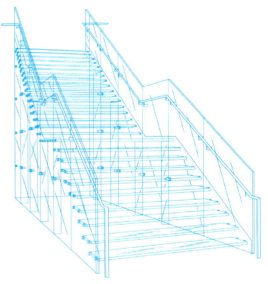

パーソナルコンピュータ（1980年）
初めて取得した特許「パーソナルコンピュータ」は最も大きな影響を及ぼしたと言える。1980年に申請、1983年に承認された。特許明細書には「本書面で十分に図面に示された通りのパーソナルコンピュータ」と記載があり、1981年にモニターなしで発売されたApple IIIに近いマシンだった。

階段セット（2002年）
ジョブズの取得特許はプロダクトデザインだけにとどまらなかった。主要アップルストアやクパチーノの旧本社に透明の階段セットが設置されているが、この特許申請ではジョブズの建築に対する鋭い観点がうかがえる。

心の自転車のように

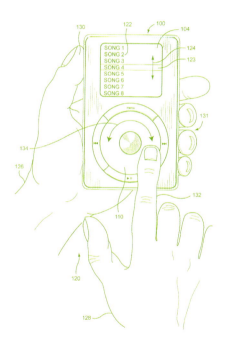

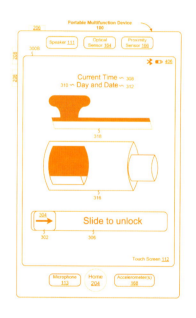

回転式の入力操作および使用装置
（1980年）
「ユーザーによる回転式操作」はアップルを世界的企業たらしめたユーザーインターフェイス機能である。ユーザーはiPodクリックホイールを指で回しながら表示内容のスクロールを行う。

コンテンツカテゴリー用アイコン表示をカスタマイズ化するタッチスクリーン機器、手法 およびGUI機能（2008年）
タッチスクリーンのスクロールとスワイプ機能 に適用された特許。モトローラ、HTC、ノキアなどの企業を相手取ったアップルによる数々の特許侵害訴訟で頻繁に取り上げられる。

パートナーシップ契約を結ぶと同時に、ウェインはウォズニアックの回路図や会社のロゴ作成など色んな作業を器用に手伝った。ウェインが仕上げたロゴデザインは、輝くりんごを頭上に木の下に座っているアイザック・ニュートンの細かい描写だった。ところが、契約署名からわずか11日後、新会社の負債状況に不安感を抱いたウェインはパートナーシップから脱退する道を選ぶ。彼の出資額10％に応じてまず800ドルが支払われ、しばらくして追加分1500ドルが支払われた。「あれは『道に落っこちてたお金』同然でしたから、とりあえず受け取って契約解除に署名したわけです」。のちにウェインはBBCにコメントしている。

　ジョブズとウォズニアックはパートナーシップ契約の内容に満足していたが、基板を製作するための資金を調達しなければならなかった。ウォズニアックはお気に入りのHP65電卓を売り、ジョブズはワーゲンバス（訳注：フォルクスワーゲン・タイプ2）を1500ドルで売った。

　わずかな資本金を揃えての事業開始となった。しかしホームブリュー・コンピュータ・クラブで今日Apple Iとして知られるコンピュータのデモを行ったところ、反応は今ひとつ盛り上がりに欠けていた。2人はクラブ関係者から購入希望がたくさん出ると期待していたが、実際、会員たちが乗り気でないのは明らかだった。ただし、デモを見学していたある人物だけは違った。このマシンの可能性に興味を示したのだ。

　その人物はバイトショップのオーナーのポール・テレルであった。同店はベイエリアでいち早く展開していたコンピュータショップである。テレルはデモ内容に感心し、発表後に2人のもとへ歩み寄って詳しい話を聞いた。好機を逃すまいとジョブズは翌日、マウンテンビューにあるテレルの店に出向く。テレルは組み立てを終えたコンピュータに大きなニッチが存在することをしっかり把握していた。手短かな商談を交わした結果、新会社アップルに契約を提示する。組み立てまで完成したコンピュータを50台用意してほしい、と。そして1台につき500ドルの支払いを約束した。ジョブズは驚愕する。この値段はホームブリュー・コンピュータ・クラブ会員向けに検討していた額の10倍だったからだ。

部品調達のあてはない。コンピュータを製作する作業場もなければ、組み立てるエンジニアも自分たち2人しかいない。それでもジョブズはテレルの条件を承諾した。ウォズニアックは断言したことがある。「アップル史上、最も素晴らしいニュースでした。これまでを振り返ってあのときほど驚き、嬉しかったことはないです」。

こうしてアップルのビジネスが正式に始まった。

ジョブズはシリコンバレーを右往左往しながら部品探しに奔走するが、次々と断られてしまう。しかし持ち前の粘り強さと巧みな説得術でクラマーエレクトロニクスとの商談にこぎつけ、Apple I用部品の仕入先を獲得したのだ。組み立て作業遂行のためにジョブズは人手を集めた。妹のパティ、ダン・コトケとそのガールフレンドのエリザベス・ホームズには基盤のはんだ付け、母クララには会社の電話番を頼んだ。たちまちジョブズの自宅ガレージは工場と化し、かき集められた人たちは生産ラインで昼夜をかけて週末も返上で働いた。必ず納期までに間に合わせたいと、ジョブズは家族や友人に対しても容赦ないマネージャーとなる。誰かが作業で間違いを犯せば、感情をむき出しにして叱るのだった。

年末までにこの即席の作業場で150台のApple Iコンピュータが製作され、まだ駆け出し状態のアップルの収入は10万ドルに到達した。ウォズニアックがApple Iで稼いだ額は、それまでHP正規社員として受け取った給料を上回っていた。

アップルは軌道に乗り出していたものの、当時のウォズニアックは依然としてHP退社の意思がなく、両立を続けようと考えていた。貴重な自由時間を費やしてApple Iの改良に取り組みながら、後継モデルの考案に取り掛かった。次なる目標は白黒でなくカラー表示のコンピュータである。また同じサイズのマザーボードを使いつつもっとパワーを引き出して性能を上げたいと思っていた。一方、ウォズニアックの試作品を絶賛するかたわら、抜け目ないジョブズはApple IIはもっと統合された製品でなければいけないと理解していた。ハードウェアとソフトウェアをすべて一体化させて、ただ電源を入れれば誰でもすぐ使えるようなコンピュータにしよう。こうしてジョブズのビジョンは一般市場を見据えるようになっていた。

第 6 章

シンプルは
複雑よりもずっと大変

スティーブ・ジョブズ　グラフィック伝記

「Apple IIは完全にパッケージ化した
初のコンピュータとして売りたい……そう夢みてた。」

　「コンピュータを自分で作ってみたい。そう思っている機械いじりの愛好家はもちろんいた。でも、自分じゃ作れないけどプログラミングをいじってみたいという人はもっと大勢いるのがはっきりわかった。僕も10歳のころそうだったしね。Apple IIは完全にパッケージ化した初のコンピュータとして売りたい……そう夢みてた。なんとかプラスチックケース入りにしたいなぁって悩んでいたよ」

　Apple IIの最大の売りはカラー信号をテレビへ送る機能だったが、ウォズニアックとジョブズは他にも幾つかの新機能を密かに用意していた。これがそれまでのパソコンの概念を一新させることになる。

　ウォズニアックは拡張ポートを追加しようと決めていた。ユーザーが自分でカードを加えることができ、コンピュータの可能性を自由に広げて使えるからだ。買い手にとっては付加価値になるし、周辺機器メーカーにとっては2次産業につながる。

　もう1つデザイン上の大きな特徴として、プログラミング言語BASICを回路板のチップに搭載した点だった。これでユーザーは起動してすぐにプログラミングを開始することができるのだ。ビル・ゲイツとポール・アレンが創設したマイクロソフトは、ライバル製品であるアルテア用にBASICを提供していた。シアトルに出現したこのスタートアップ会社は、1台あたり500ドルを徴収して増益を重ねていた。マイクロソフトはアップルとBASICライセンス契約を結ぶことで、数年後にIBM PCの誕生で状況が変わるまでの間、最も有益な基盤を築いたのだった。

　Apple IIの制作にあたり、ジョブズが最もこだわった点。それは端麗さと全体的に優れたデザインだった。組み立てキットとは異なり、すべてが完成したマシンでなければならない。一般向け製品として相応しいように、滑らかなラインを持つキーボード付きのプラスチックケースが必要だとジョブズは考えた。また同時に、試作品についていたファンのノイズをどうしても除去したいと主張した。禅の瞑想を支持する者として、ブンブンと続く雑音は煩わしくて耐えられなかったのだ。ウォズニアックにとっては音の問題よりも、回路基板やマイクロプロセッサのパフォーマンスの方がずっと大事だった。しかもコンピュータの冷却用にファンの役割は欠かせなかった。

それでもジョブズは諦めきれない。なんとか解決法を探した。アタリ時代の上司、アラン・アルコーンに相談し、アナログ電気回路に関してシリコンバレーを代表する人物とされる同社の熟練エンジニア、ロッド・ホルトを紹介してもらう。常に優秀な人材との仕事を望むジョブズは、アルコーンの助言通り、この中年エンジニアに会いに行く。キャッシュフローが減少の一途をたどり、アップルにホルトを雇う余裕がないことはわかっていたのだが。「ジョブズにうまく騙されて働いたようなものです」。ホルトは回想する。

　当時、アップルの資金状況にかかわらずホルト採用をこぎつけられたのは、ジョブズといえばお馴染みの「現実歪曲フィールド」（訳注：非現実的で不可能なことを可能にしようと要求を押し通すジョブズの手法を形容する際にお馴染みの表現）が活用されたいい例だろう。不可能を可能にする。そして真実は見方次第で変えられる。これはジョブズのキャリア、私生活を通して貫かれた絶対的な信念であった。

　ダニエル・コトケは、ジョブズの現実歪曲フィールドはリード大学時代のロバート・フリードランドの影響によると推測する。ポートランド近郊のオールワンファームでのコミューン生活は、若きジョブズにとって隠れ家でありインスピレーションの源であった。「（フリードランドは）カリスマ性とやや詐欺師のような面をあわせ持っていました。自分の思うように状況を都合よく変えてしまうのです。頭が良くて自信がありやや独裁的でした。スティーブは彼を崇拝して、ロバートと付き合うようになってから同じような人間に変わっていったのです」。コトケは伝記作家のウォルター・アイザックソンに伝えている。のちにフリードランドはその雄弁術によって鉱山業界で成功を収め億万長者となる。しかし90年代に、自ら所有するアイバンホー・マインズ社が環境問題で告発され、それは大々的な政治問題に発展した。フリードランドはジョブズに電話をかけ、当時の大統領ビル・クリントンに口添えしてもらえないかと頼んだこともある。が、ジョブズはこの申し出を断った。かつてのメンターであったフリードランドとの関係をこう述べている。「変な気分だよ。若い頃に一緒に禅修行してた仲間が、今は正真正銘の金鉱業者になるなんて」。

　当時のアップルにはホルトを雇えるだけの財源がない。ホルトもジョブズたちにはキャッシュがないだろうと疑っていたという。しかし、何か直感的にApple IIは特別なものになる気がして参加しようと思ったのだ。こうしてホルトは連日連夜、新型の電源の設計に取り組んだ。完成した電源は、Apple IIのカラー表示と同じぐらい革新的だった。小さな牛乳箱よりもコンパクトで家庭用の電源が使用でき、電気が高速でオン・オフされる仕組みによって発熱の少ない安定した電力を生成した。これは搭載される高額なメモリチップにも安全だった。ホルトの独創的なアイデアはコンピュータケースのサイズの縮小化も実現し、今日のコンピュータ電源の設計を特徴づけている。

シンプルは複雑よりもずっと大変

ジョブズ流リーダーシップ
〜７つのマントラ

スティーブ・ジョブズは型破りのリーダーであった。
会社経営において協議や意見の一致をほとんど求めなかった。
真っ向からスタッフを批判し、
完璧を求めて厳しい注文を突きつける姿勢は、
これまで数々のエピソードとして刻まれている。
しかしながらユニークなビジョンを説く雄弁術、
シンプルさへのこだわり、そして過去の失敗から学ぶ能力。
こうした特徴こそシリコンバレーにおける
ジョブズの存在感を際立たせていた。

シンプルに徹しろ

1997年、ジョブズがアップル復活を果たした際、まず力を入れたのは、間違いなく過剰な製品ラインの見直しであった。取り扱うプロダクトを主要な4点（iMac、Power Macintosh、iBook、Powerbook G3）に絞り込んだ。こうしてアップルは徐々に息を吹き返していった。ジョブズがiPod担当のデザイナーらにデバイス上のボタンを減らすよう指示を与えたというエピソードは有名だ。これが製品の代名詞となるスクロールホイールの実現につながったのだ。

秘密主義はパワーだ

秘密主義はジョブズ指揮下のアップルで宗教のように信仰されていた。社内では部門同士をそれぞれ孤立環境に区分けし、互いのプロジェクトに干渉しないのが基本ルールだった。ハイテク愛好家やとりわけ世界中のメディアに対して、新製品の情報を封印しておくことで関心を集め、発表会への期待を高めることができた。

冷酷を恐れるな

新たなチャンスを嗅ぎ分ける力と同じく、プロジェクトや製品の引き際を正しく見極めていた。ここにジョブズが成功した大きな理由がある。アップルはパームパイロットの競合商品開発に莫大な資金を投資していたが、ジョブズは同プロジェクトを切り捨てた。スマートフォンの到来が迫りつつあることに気づいていて、パーム系製品を時代遅れだと判断していたからだった。この選択によって担当エンジニアらはのちのiPodプロジェクトへ移行された。

エキスパートの意見を聞け

アップルが初めて小売業界に進出したとき、ジョブズは経験豊富なギャップ社のミッキー・ドレクスラーを取締役として招き入れた。ネクスト時代には、ロゴデザインをポール・ランド氏に依頼した。

製品に夢をのせろ

顧客の気持ちを考えてその願望を理解する。これはビジネスにおいてジョブズの絶対的な信念であった。代々アップルのマーケティング手法は、主に製品の精神的な価値に焦点を置き、より良い世界の訪れを消費者に期待させるという点が共通している。2006年のマック広告キャンペーン「ゲット・ア・マック」の名台詞はこう流れる。「PCを選んで、あとでマシンをアップグレードするって？ マックにすればコンピュータ体験そのものをアップグレードできるのに」。

完璧を目指せ

ジョブズの品質に対する執着は伝説レベルであった。製品の包装から目に見えない細部、例えばiPodジャックのクリック音といったことにまでこだわった。こうしたジョブズの姿勢はたびたび時間のロスにつながり、スタッフの不満を募らせた。しかしアップル製品のユーザーたちは恩恵を受けていた。

徹底的に準備して話せ

ステージ上で語るジョブズの指揮力は圧倒的であった。息もつかせないペースの熱いプレゼンテーションに観衆が退屈するはずがない。ポイントは、消費者がいま持っているプロダクトが抱える問題を取り上げながら話を展開させいくやり方である。これによって聞き手はアップルを英雄視し、新製品は日常の厄介ごとを解決してくれると思うようになる。壇上のジョブズは常に自然で冗舌である。しかしその流れるような発表は、自ら長時間をかけて徹底的にリハーサルを重ねた結果なのだ。

Apple IIの仮デザインがほぼでき上がった段階で、ジョブズは製品化に向けてまとまった資金投入が必要だと理解していた。また、見込みのある投資家にアピールするためには広告や広告戦略の知識が必要だった。カナダの電卓メーカーやコモドールコンピュータは当初アップルに興味を示した。しかし結局、両社ともにアップルから手を引いてしまう。後者は、ジョブズ側が提示した10万ドル以上の買い取り額に尻込みし自社開発を選ぶことになって商談はお蔵入りとなったのだ。

　そんななかアタリがワーナー・コミュニケーションズに妥当額1400万ドルで買収される。元上司ノーラン・ブッシュネルからこの知らせを聞いたジョブズは投資を求める。ブッシュネルは拒否したが、代わりに最近セコイア・キャピタル社を設立したベンチャー投資家のドン・バレンタインを紹介する。同社は主に小規模、リスクの伴うテクノロジー企業への投資を取り扱っていた。

　ジョブズとウォズニアックは絶対成功すると自信を持って誓ったが、バレンタインは2人の経験不足な様子に乗り気になれなかった。「事業についてあまりにも考え方が甘かった」。それからバレンタインは可能性のありそうな投資家の名前を教えてやる。

　インテル出身のA・C・マイク・マークラは、まだ30代前半だったが、個人投資家としての収入で生活していた。同社が株式公開したときに手持ち株を売却し、十分に貯蓄を得るために若くして退職していた。当時、新しいベンチャー企業を探しているところだった。マークラはジョブズの自宅ガレージを訪れ、コンピュータを見てすぐに感動する。「僕が高校時代から欲しいと思ってたような製品でした」。Apple II試作品のデモを見てそう感じたという。

　アップルの株式3分の1と引き換えに、マークラは自腹から9万2000ドルの出資と合わせ、バンク・オブ・アメリカから25万ドルの信用保証を取り付けると約束する。ウォズニアックとジョブズはそれぞれ26％の株式を所有し、残りは将来的な投資家との取引用に残しておくことになった。

マークラの事業計画は、愛好家用の市場を超えるというジョブズのビジョンと重なっていた。この人なら自分たちのプロダクトと未来像をわかってくれるに違いない。ジョブズとウォズニアックはそう確信した。「レシピ管理や家計管理をする普通の消費者を対象としたコンピュータを世に出すんだと言ってました」。ウォズニアックはマークラの話を思い出す。マークラには落ち着きと謙虚さがあり、また上品でフェアな雰囲気を持っていた。ジョブズたちは彼こそ会社のパートナーとしてピッタリだと感じたのだ。

　これで前進あるのみ。ジョブズはそういう単純な気持ちだった。ところがウォズニアックは未だに完全に吹っ切れていなかった。HPの仕事に未練があり、組織の経営側になることに居心地の悪さを感じていたのだ。マークラはウォズニアックがフルタイムで参加しなければ契約はしないと警告する。そこでジョブズとウォズニアックの家族や友達は、マークラの気が変わる前に何とかウォズニアックに言い聞かせようと必死になる。パニック状態の数日が過ぎた。

　ウォズニアックの気持ちを動かそうと協力してくれた1人が父親のジェリーであった。コモドールとの商談が流れた際、ジェリーはジョブズが息子を利用していると非難した。Apple I、IIの設計や製作を部分的にしか手伝えないジョブズの取り分がウォズニアックと同等なのはおかしい、と。ジョブズは責められた末に泣き出してしまう。そして半々がダメなら会社はウォズニアックに全部やっていいと伝える。ところがウォズニアックは、2人が共生関係にあり、最初の頃の成功もジョブズなしにはあり得なかったと指摘し、事態は解決する。確かにジョブズがいなければウォズニアックのアイデアが事業化することはなかった。ホームブリュー・コンピュータ・クラブでウォズニアックの設計図の無料配布にブレーキをかけたのはジョブズだったのだ。

　もう少しでマークラが投資から手を引く寸前だった。今度はジェリーがジョブズに手を貸し、代わる代わるウォズニアックの友人が連絡を入れて説得を試みる。電話の鳴りやまない日が続き、やっとウォズニアックは折れて納得した。新パートナーシップに参加しエンジニアとして大金を稼いだとしても管理職につかなくていいと確信できたからだ。こうして合意が成立。1977年1月3日、ウォズニアックは安定したHPでの仕事を退職。契約の署名が行われ新たにアップル社が誕生した。

第 7 章

未来を発明する

スティーブ・ジョブズ　グラフィック伝記

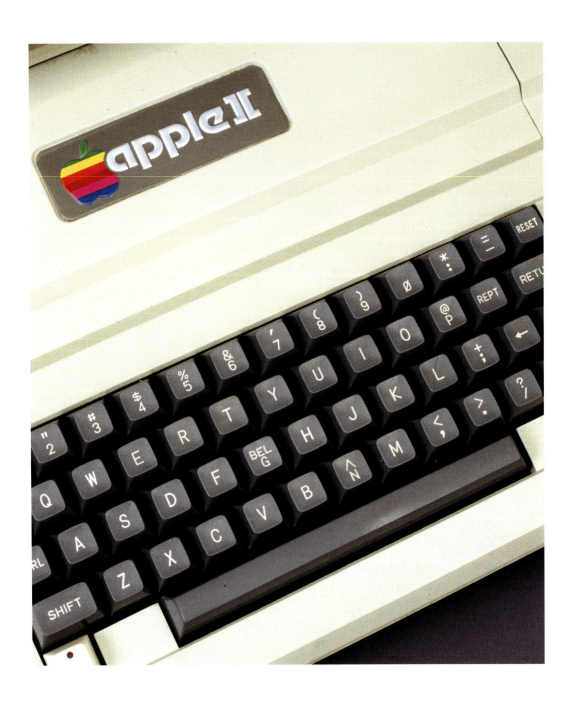

マークラが正式にパートナーシップに加わると同時に、ジョブズは新しいアップルが必要とするマーケティングの専門知識を持つ人材を探していた。ウォズニアックは広告業界の狡猾さや過剰宣伝に嫌気がさしていたため、代理店探しはジョブズに託された。ロッド・ホルト獲得のときのように、ジョブズはいつも最高の人材を求める。そして、これだと思う人物を見つけると、徹底的に追い求めた。

　当時、広告代理店レジス・マッケンナ・エージェンシーによるインテルの斬新な広告キャンペーンが展開されていた。ジョブズはこれにいたく感動する。技術色の濃い堅苦しい印象を与えずに、チップ会社インテルの強みを際立たせる広告だったからだ。

　レジス・マッケンナはスタートアップ会社の宣伝を専門に手がけていた。最初に連絡した際に、ジョブズは冷たくあしらわれる。しかし同社の新しいビジネスマネジャーのフランク・バージに何度もしつこく電話をかけた末、相手は根負けしてチャンスが生まれた。創業者マッケンナと同社オフィスでミーティングの機会を与えられたのだ。アップルは前途有望とはいえまだ確実にリスクの高い会社であった。にもかかわらず若い起業家が大物マッケンナを説得して代理店契約までこぎつけられたのは、ジョブズの説得術が強化されていた証拠である。

「確かにウォズは素晴らしいコンピュータを作りました。でもジョブズがいなければそれもホビーストアに並ぶだけで終わっていたでしょう。ウォズは伝道者とチームを組んでラッキーだったのです」。マッケンナはこう語っていた。

「あのコンピュータの最大のポイントは、まず技術面でウォズニアックが非常に柔軟な製品を設計したことです。でもそこにジョブズが加わったからこそ製品化しました。2人がチームになって凄いパワーが生まれたわけです」

　アップルをクライアントとして迎えたマッケンナは、この新興会社が当時使っていた複雑すぎるロゴの作り直しを決める。チーフアートディレクターのロブ・ヤノフはシンプルでわかりやすいものを考案するようマッケンナから指示を受けた。最初のデザインは今日お馴染みの、片方がかじってある虹色リンゴのロゴだ。当時のアップルのキャッチフレーズ「Byte into an Apple」（訳注：コンピュータの情報単位を意味する「byte」と動詞「bite（かじる）」をかけている）を連想させる。のちのインタビューでヤノフは、最初の目標は「プチトマトと間違われないようにする」ことだったという。ジョブズは親しみやすいデザインとApple IIのカラー表示を象徴する虹色の縞線模様を気に入る。そして細部までこだわるジョブズは、リンゴの葉のある上部に緑色がくるよう彩色を調整させたのだった。

あのコンピュータの最大のポイントは、
まず技術面でウォズニアックが
非常に柔軟な製品を設計したことです。
でもそこにジョブズが加わったからこそ製品化しました。
2人がチームになって凄いパワーが生まれたわけです。

未来を発明する

1977年の春、ウェスト・コースト・コンピュータ・フェアが開催され、Apple II発表と同時に正式なロゴが公開される。アップルの展示ブースでは、アクリル板に巨大なサイズの新しいロゴがバックライト照明で輝き目立っていた。同フェアは西海岸で催された初の大型コンピュータ展示会であり、先見性のあるジョブズは出展の申し込みをいち早く済ませていた。会場のサンフランシスコ・シビック・オーディトリアム＆ブルックスホール入口正面の目立つスポットを獲得した。出展料金は5000ドルとなかなかの金額である。高すぎるとウォズニアックは驚愕したが、ジョブズは新製品発表の場として最高の機会だと自信があった。

　人目を引くロゴに加えて、ジョブズは展示ブースのセットアップにも細心の注意を払い黒いベルベットをかけてカウンターを飾った。並べたのは3台のApple IIだけ。そしてApple II用の空き箱を両側に高く積み上げておいた。こうすれば来場者は商品の生産ラインが順調に進んでいると思ってくれるからだ。ジョブズの厳しい基準を満たすため、アップルのチームは夜通しで働き必死に準備にあたった。ジョブズの完璧主義は発表前に届いたApple II用ケースについていた小さな傷も見逃さない。問題のケースはスタッフらに自宅ガレージで紙やすりを使って磨かせた。またもう1つ「見栄え」のための準備として、マークラはジョブズとウォズニアックに身だしなみを整えさせタキシードを着るよう促したのだった。

　準備に最善を尽くした甲斐はあった。アップルのブースとApple IIは注目を浴びた。ポスターパネルや不細工な金属製ケース入りの機器を展示する他のブースとは一線を画していたのだ。3日間の催しでApple IIの受注数は300台以上。また日本の業者と大型の国際契約を結ぶことになった。

　Apple IIの成功によって、会社の拠点をジョブズの自宅ガレージからクパチーノのオフィススペースに移すことになる。ジョブズら3人を筆頭に、アップルのチームはエンジニアのロッド・ホルト、ジョブズとウォズニアックの友人ビル・フェルナンデス、そして若手プログラマーのランディ・ウィギントンとクリス・エスピノザで構成された。会社の急激な成長と呼応してジョブズの態度もますますせっかちになり、スタッフに対して厳しい要求を突きつけるようになる。とりわけまだ大学生で勉強の合間に働いていたプログラマーの2人に対しては容赦なかった。

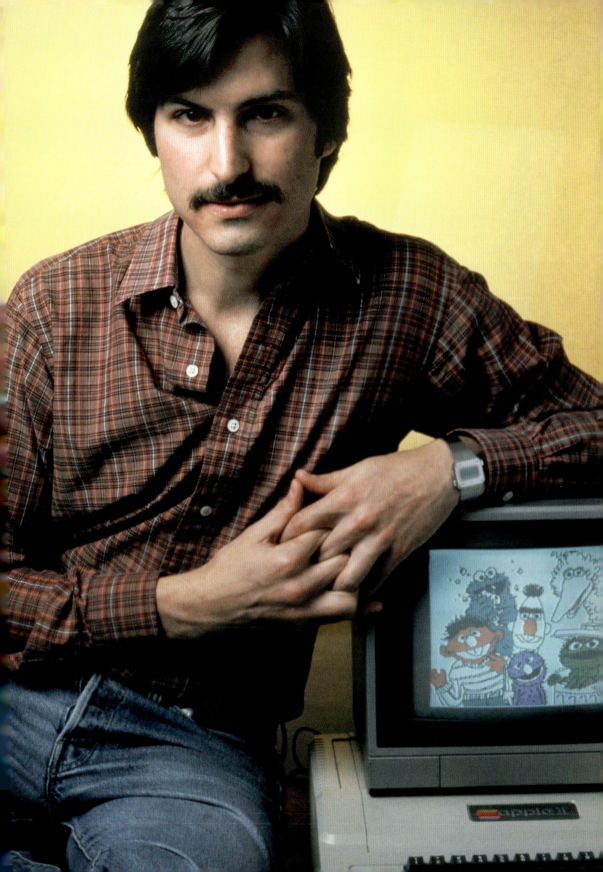

プレゼンテーションの名手スティーブ

基調講演の奥義を分析

テーマを明確に述べて強調する

「今日、アップルは電話を再発明します」。2007年のiPhone初公開の際、ジョブズが観衆に伝えた覚えやすいメッセージだ。これに合わせて同じ言葉がスライドショーで流れた。その後も講演を通して「電話の再発明」というキーフレーズはさらに4回繰り返された。

情熱からあふれるエネルギー

ジョブズの発表では製品や機能にかける情熱が爆発する。2008年マックワールドでiPhoneの最新の位置情報機能を披露した際、「驚くべき」「素晴らしい」「クールな」といった言葉を真剣に繰り返し使っていた。機能自体はそれほど目新しくない内容だが、ジョブズの口調は発表を盛り上げた。

問題点を解説する

ジョブズが新製品を紹介するときは、ほぼ必ず既存の競合製品やサービスの問題点を挙げて説明する。初代iPhoneを発表したとき、ジョブズはライバル企業のスマートフォンを「あまりスマートじゃなく使いにくい」と酷評。競合スマホ数種を取り上げてわかりにくい点を挙げながらこき下ろしたのだ。

ビジュアル性を重視する

アップル製品のデザインやエンジニアリング面でシンプル性を重んじる哲学は、ジョブズのプレゼン術にも共通する。現代はデータや文字をずらりと並べたスライド使用の発表が主流であるが、ジョブズは正反対であった。言いたいことを伝えるために画像を1点に絞るスタイルを好んだ。

マジックナンバーに意味を持たせる

数字の提示は適切な文脈のなかでこそインパクトがある。アップルが2008年にiPhone400万台目の販売を達成した際、ジョブズは「毎日平均で2万台のiPhoneが売れたってこと」だと報告した。「それって市場にどんな影響を与えたんだろう？」と続けてから、米国のスマホ市場の内訳とアップルのシェアを詳しく説明し同社の圧勝ぶりを見せつけた。

特典を売り込む

新製品の公開時、プレゼンターの大半は機能を宣伝したがる。一方、ジョブズの場合は新製品のもたらすメリットを売り込む。聞き手側にとってのプラス面を分かりやすくストレートに伝えるのだ。

マークラは、会社を取り巻く混乱状況に規律をもたらし、感情の激しいジョブズの統制役が必要だと感じていた。そこで外部から社長をリクルートしジョブズはこれを渋々と承知する。「僕はまだ22歳だったから本格的に会社を仕切るのは無理だとわかっていた」。ジョブズは当時を振り返る。「でもアップルは自分の子供のような存在で誰にも渡したくなかったんだ」。一方、経営に関心の薄いウォズニアックはこの動きを歓迎する。ジョブズが引き起こす様々な厄介ごとを解決してくれる人がいれば安心だと思った。

　マークラはマイク・スコットを選んだ。かつてのフェアチャイルド時代の同僚である。「スコッティ」と呼ばれるその新社長は、フェアチャイルドのディレクターを務めた経験がある。スコッティは製造部門、マークラは資金管理とマーケティングを担当することになった。そしてウォズニアックは技術部門に集中し、ジョブズはApple IIおよびその他の社内業務を任せられたのだ。

　スコッティは、隅々まで目が行き届く鋭さとコンピュータやプログラミングの実践的な知識を持ち合わせていた。マネジメントの手法は単刀直入で時にはけんか腰なこともある。マイクロマネジメント型のジョブズとスコッティの衝突は避けられない運命だった。まずは社員証番号の決定をめぐる争いが起きた。ジョブズは自分の社員番号が1番のウォズニアックに次ぐ2番であることに激怒。スコッティに侮辱されたと感じて涙を流し、社員番号をゼロに変えるよう要求した。スコッティはこれを受け入れようとしたものの、銀行側の給与システム上、整数以外は処理できないことがわかり、結局ジョブズは2番のままとなった。

　またあるときスコッティは、ジョブズを会社の駐車場に呼び出す。ジョブズはいつもの経営戦略の話かと思いきや、実はデリケートなトピック、体臭についてだった。ジョブズは頑なに主張した。自分は果食主義であまり汗をかかないからシャワーの必要はないと。しかしスコッティは職場の連中がジョブズの臭いに耐えられないのだとあっさり突っぱねた。

　スコッティが折れるときもあった。頑固なジョブズの好きなようにやらせた方が物事がスムーズに進む場合もある。例えばApple IIの保証期間をめぐっては、ジョブズは会社がもっとお客の立場になって考える必要があると主張して、業界基準の90日間から1年間に引き伸ばそうとした。最終的にスコットは譲歩しこの要求を承諾したのだった。

1977年の夏の時点で、ジョブズは断続的に交際を続けていたガールフレンドのクリスアン・ブレナンとダン・コトケと一緒に郊外の平家に暮らしていた。当時コトケは東海岸からベイエリアに戻ったばかりだった。そして同棲して2、3カ月ほどで、クリスアンの妊娠が発覚する。クリスアンはちょうどアップルで組み立て担当の仕事を始めたばかりだった。当時、他に誰とも付き合っていなかったブレナンは、赤ん坊の父親はジョブズであると確信した。怒ったジョブズはこれを否定。結婚するつもりはないときっぱり宣言する。ジョブズは中絶には賛成だったが、自身が養子であったにもかかわらず、赤ん坊は養子縁組に出すなと引き止めていた。時が過ぎてクリスアンが出産を決意すると、ジョブズは彼女から距離を置き疎遠になっていく。まるで他人事のように。

　クリスアンはジョブズの冷たさに打ちひしがれていた。また、精神的に不安定な状態を自認していたため、アップルの仕事をやめてオレゴン州にあるロバート・フリードランドのオールワンファームへ向かう。結局この農場で出産を迎え1978年5月に女の子が誕生した。それから数日後、ジョブズは娘とクリスアンの元へ駆けつけた。フリードランドの農園コミューンでは子供にスピリチュアルな名前をつけるよう勧められていた。しかしジョブズは、将来子供の足かせになりかねない東洋風の名前より「普通」のアメリカ人っぽい名前にすべきだと言い張る。結局ジョブズの名字は入れず、リサ・ニコール・ブレナンという名前で決着がつく。

　しかしそれから数カ月間、リサの父親は自分ではないとジョブズは主張し続けた。養育費の支払いも拒否する。元恋人を訴える気力もなくブレナンはメンロパークにあるボロ家に引っ越し、生活保護を受けながら赤ん坊と暮らし始める。裁判所の命令で父子鑑定テストが行われ、ジョブズが父親である確率は94.4％という判定が出た。これによりジョブズには毎月385ドルの養育費の支払いが命じられたのだ。

　クリスアンはメンロパークの小さな家でシングルマザーとして娘を育てる。ジョブズが子育てにきちんと手を貸すようになるのは何年も先のことだった。のちにジョブズはブレナン親子に住宅を購入し、リサの教育費の面倒もみた。リサが生まれたときジョブズはまだ23歳。これはジョブズの実父が自分を見捨てたときの年齢と同じであった。後々になってジョブズは当時リサを放棄したことを後悔する。

　「もっと違った対応ができたらよかった。あのときは自分が父親だなんて信じられなくて責任から逃げていたんだ。もう一度やり直せるなら必ず上手くやるんだけど」

第 8 章

ひたすら
スゴイものを

> 23歳の誕生日を迎えるまでに、
> ジョブズはマークラとともに
> アップルの株100万ドル分を売却していた。
> これによりジョブズの資産価値は1000万ドルに膨らんだ。

　Apple IIは2つの新機能が決定的なセールポイントとなり、売り上げは絶好調となる。1978年1月、コンシューマー・エレクトロニクス・ショー（CES）で周辺機器フロッピーディスクドライブ「Disk II」が初公開される。これはApple IIが抱えていた弱点——ストレージ容量不足の問題——に対応した。また同時に他社がApple IIシステム用にソフトウェア販売をするという新しいアプローチが始まった。一方、世界初の表計算、財務管理用プログラム「ビジカルク」がApple II用に発表される。これによってApple IIはオフィスや家庭で重宝される存在となっていった。

　アップル創業当初の企業価値5309ドルは1年後、約300万ドルに跳ね上がる。新興ハイテク企業へと新たな投資が次々と押し寄せるのだった。シリコンバレーで成功したゴールデンボーイとしてのスティーブ・ジョブズ——レジス・マッケンナが全米メディアへ向けて打ち出してきたメッセージが現実味を帯びていく。23歳の誕生日を迎えるまでに、ジョブズはマークラとともにアップルの株100万ドル分を売却していた。これによりジョブズの資産価値は1000万ドルに膨らんだ。

　Apple IIの大ヒットにより1979年には会社の収入が4700万ドルに達する。売り上げに拍車をかけるため、同年6月、初代モデルに少しアップデートを加えたApple II Plusが発表される。こちらはメモリ容量の増加と、Applesoft BASIC（訳注：マイクロソフトによるApple II用に高機能化されたソフト）を特徴とした。

　好調な売り上げにともなってアップルの従業員数も増加した。新規プロジェクトのために次々とエンジニアが採用されていく。そのうちの1人がジェフ・ラスキンであった。元大学教授のラスキンは、当初、ユーザーマニュアル作成の担当として採用された。また価格1000ドル以下の一般消費者向けのコンピュータを開発するサイドプロジェクトも任されていた。ラスキンはこのマシンを好物のリンゴ品種にちなんで「マッキントッシュ」と名付けようと考える。ラスキンの考案はジョブズの関心をそそったが、企画初期の段階でこのマシンは遅すぎるし不恰好だと軽視していた。

続いてApple IIIの開発企画も始まる。コードネームは「サラ」。ユーザー層や小売業者からのフィードバックを参考に、大文字、小文字の両方を取り扱い、前モデルの1行40文字を超えて1行80文字まで表示できる性能が加えられた。またさらにメモリが増加され、より高度なプログラムを開発できるようになった。ウォズニアックが中心だったApple IやApple IIとは一線を画し、Apple IIIは複数のエンジニアからなるチームがマーケティング部門の要望を取り入れながら担当することになる。ジョブズは外側ケースのデザイン責任者となり、前モデルよりも格段に小型化するよう主張した。しかし、この決断はのちに問題を引き起こすことになる。Apple IIより小型化を目指したが、実際には大きくなってしまい、それにも関わらず部品が収まらなかった。

　Apple IIIはアップルのビジネス市場参入の足がかりとして大きく期待されたが、結果的に初の失敗作として終わる。致命的なサイズのケースに収まったコンピュータは不具合を持ったまま出荷されてしまう。非難の矛先はジョブズではなくエンジニアチームに向けられる。ジョブズといえばこのときすでに、他のプロジェクトと並行して進行中のまったく別のコンピュータに興味が移っていたのだ。

　アップルの新たなコンピュータ開発のために、HPから2人のエンジニアが引き抜かれてきた。ジョブズはこのコンピュータに自分の娘と同じ「リサ」という名前をつけ、周囲の度肝を抜く。というのも当時ジョブズは依然として自分の娘を認知しておらず、会社のブランド戦略上、不快感を抱く社員が多かったのだ。とりあえずレジス・マッケンナは意味のない頭字語の名称「local integrated systems architecture」を思いつき説明にあてた。しかし陰でエンジニアたちから「Lisa: invented stupid acronym（リサはでっち上げのおバカな頭字語）」と言い換えられ笑いのタネとなった。

　ラスキンが担当するマッキントッシュのプロジェクトと異なり、リサのチームは超高性能型のコンピュータ製作に焦点を当てる。リサは、8ビットのApple IIの倍もある16ビットのマイクロプロセッサが自慢で、その分価格も1万ドルとあまりに高額であった。それにリサは、Apple IIの開発になおも専念するウォズが、それまでにもたらしたような独創性に欠落していた。ジョブズは開発の初期段階で担当エンジニアたちの仕事にがっかりしてしまう。パワフルなマシンなはずなのにApple IIからの大きな進歩がないときているのだ。

　リサにはもっと大きなインスピレーションが必要だった。そこへ好機が訪れる。当時、新たにアップルへの出資を始めた企業を訪問した際のことだ。そのころラスキンはアップルの経営陣に対し、ゼロックス社のPARC（Palo Alto Research Center／パロアルト研究所）で行われている画期的な開発事業へ注目を呼びかけていた。PARCはパロアルトに拠点を置く同社の技術革新を目的とする研究所である。ラスキンには過去にサバティカル

休暇をここで過ごした経験があった。PARCはのちに技術分野に欠かせない発明を生み出し、パーソナルコンピュータ革命の原動力となっていく。これはイーサネット通信ネットワークやオブジェクト指向プログラミングの開発が含まれる。

　当初、PARCでのデモ見学を提案するラスキンの呼びかけはあっさり聞き流される。とりわけジョブズは日頃からラスキンを見下す態度を取っていた。そんな態度をとられていたにもかかわらず、元大学教授のラスキンはあきらめない。アップルの上層部はゼロックスが開発しているものを見るべきだと確信を持っていた。そこで若き天才プログラマーのビル・アトキンソンに、PARC訪問についてもう一度ジョブズに声をかけるよう頼む。ラスキンはカリフォルニア大学サンディエゴ校で教鞭をとっていたころに生徒であったアトキンソンをアップルに引き入れていた。ジョブズはラスキンを物知り顔の学者とみなしていたが、アトキンソンに対しては違った。アトキンソンはすでに社内で尊敬を集める存在となっており、ジョブズもその飛び抜けた才能を見込んでいた。

　ゼロックスは、アップル株式100万ドル分の購入を交換条件にPARC施設の見学を承諾する。この合意に基づきラスキンとアトキンソンの提案通り、ジョブズ率いるアップルのエンジニアおよびエグゼクティブらは、クパチーノから車で10分の距離にある研究所を2回にわたり見学する。2度目の見学会はジョブズが先頭に立って行われた。

　再訪の際、研究員のラリー・テスラーがゼロックスアルト（Xerox Alto）のデモを実演した。テスラーが手がけていたパーソナルコンピュータであったが、ジョブズはこれに完全に心を奪われてしまう。

　キーボードにコマンドを打ち込んでコンピュータに指示をする手法でなく、テスラーは「マウス」と呼ばれる3つのボタンがついたブロックのような機器を使用していた。マウスを使ってカーソルをアルト画面で動かしたり、クリックしてアイコンや文字の選択をしてみせた。デスクトップ環境で「ウィンドウ」を開けたり閉じたりしながら、巧みにタスクを切り替えることができる。今日のユーザーには当たり前のプロセスであるが、当時、ジョブズらにとってまさに運命的な出合いの瞬間だった。

　ゼロックス経営陣はPARCの技術者やプログラマーによる発明が持つ革命的な可能性に気づいていないようだった。対照的にジョブズはすぐに宝の山を見つけてしまったことに気づく。「なぜ今まで製品化しなかったんだ？　わけがわからない！」。衝撃を受けたジョブズはデモの間、驚きの声を上げ続けていた。

驚くべきアップルの現金保有

2011年7月、アップルの現金保有は米国政府のそれを上回った
（現金残高はアップルが764億ドル、米国財務省が737億ドル）。
2017年5月の時点でアップルの保有額は
その3倍である2568億ドルを超えた。
これだけのキャッシュで買えるものといえば……

984人分 — ネイマール
同サッカー選手のFCバルセロナからPSGへの移籍金2億6100万ドル。

4505機 — スペースX社製ロケットのファルコン9
ファルコン9打ち上げ費用は1回5700万ドル（2012年の一年間）。

2億5700台 — iPhone X
64GバイトのiPhone X 価格は999ドル。

1万2229機 — ボンバルディア製ジェット
ボンバルディア社製の豪華プライベートジェット機の価格は2100万ドル。

ひたすらスゴイものを

4142島

プライベートアイランド

バハマのエグズーマ諸島スペクタビリス島は6200万ドル（2017年）。

321万ドル

米国アップル社員へのボーナス

米国アップルの全社員8万人へ支給可能なボーナス額。

以下の企業を買収

SONY

NETFLIX

ツイッター	130億ドル	スナップチャット	250億ドル
エアB&B	310億ドル	ソニー	430億ドル
ウーバー	680億ドル	ネットフリックス	700億ドル

PARCで不満を感じていたイノベーターたちはジョブズの仰天ぶりに悪い気はしなかった。アップルは「ゼロックスよりもよっぽど僕たちの発明の真価を理解してくれた」のだ。「3つのものを見せてくれたんだ。でも最初に見たものにあまりにも目がくらんじゃって、あと残り2つは目に入らなかったよ」。ジョブズはPBS（公共放送）によるインタビューに答えた。「オブジェクト指向プログラミングを見せてくれたみたいだけど全然覚えてない。最後はコンピュータネットワークシステムだった。アルトが100台以上並んでネットワーク化されて電子メールとかができるんだ。でもそれも目に入らなかった。最初に見たグラフィカルユーザインターフェイス（GUI）に圧倒されてしまってね。こんなすごいものは人生で見たことないって感動したよ」。

　「もちろん問題はたくさんあった。まだ未完成の状態だから色々な改善点がある。でもあの時点でそこまでわからなかった……アイデアの芽ができていて、本当によくやったなぁって。まぁ10分もしないうちに僕はこれが未来のコンピュータ像だろうとはっきりわかったよ。何年先になるかはわからないし、その競争を誰が制すのかもわからない。でも絶対に将来コンピュータはこうなる。それは明らかだったんだ」

　デモ見学を終えてジョブズは大急ぎでオフィスへ戻る。アップルが今後手がけるパーソナルコンピュータはアルトのGUI（「グーイ」と発音される）を採用すべきだ。あのコンセプトをリサ開発の基盤にしよう。そしてマウス、メニュー、ウィンドウを取り入れたいと考える。ゼロックス側はこれほど画期的なアイデアを研究所に寝かせているだけで満足らしい。しかしジョブズは違った。アップルはGUIのコンセプトを商用化して市場に出せるはずだ。そう大きな可能性をしっかり把握していたのだ。

　ゼロックスがアルトの技術を搭載したコンピュータSTARを発売するのは1981年になってからである。一般消費者よりビジネス層を対象としたSTARは、動作が遅くパワーに欠けていて、おまけに1台が1万6000ドルとあまりにも高額であった。アップルはGUIのボールをキャッチして突っ走っていく。それを横目にゼロックスは、冴えない販売台数のSTARを最後に完全にパーソナルコンピュータ分野から撤退することになる。

やがてゼロックスはアップルがアイデアを盗んだとしてジョブズを非難する展開となる。この指摘をジョブズは否定しなかった。「ピカソの言葉どおり『素晴らしい芸術家は真似をし、偉大な芸術家は盗む』ということだ。僕たちは偉大なアイデアを堂々と盗んできた……ゼロックス経営陣はコピー機のことしか頭になくてコンピュータの持つ可能性について何も考えていなかった。ゼロックスがコンピュータ産業を丸ごと牛耳ってもおかしくなかったんだ」。

第 9 章

メチャクチャすごい

> 驚異的なゼロックスアルトのデモに心を奪われて以来、
> ジョブズはパロアルトで見た魔法をアップルで採用し
> 改善していこうと直ちに行動に出た。
> 開発中のリサに関する日々の業務に
> 首を突っ込むようになっていったのだ。

　当時、リサ開発はもとHP技術者のジョン・カウチが仕切っていた。ところがジョブズはそのカウチを飛ばして、アトキンソンやゼロックスSTARの失敗を機に移籍してきたラリー・テスラーに自らのアイデアを直接持ちかけて相談した。ジョブズは歴史を塗り替えるチャンスがきたとチームメンバーたちを激励する。初めてGUIを搭載しマウスのついた消費者向けのマシンができるのだ、と。

　ジョブズは常にユーザーエクスペリエンスの質を重視していた。ゼロックスで見たような2個のホイールを用いた上下左右4方向だけ動く扱いにくいマウスでなく、全方向へ滑らかに動かせるものにしたいと思っていた。これにはボールを使った設計が必要になる。そんなものは不可能だと主任エンジニアは抵抗した。しかしこれを聞きつけたジョブズは、弱腰な態度を許さず、このエンジニアをその場でクビにしてしまう。シンプルさを求めるジョブズの情熱から、アルトでは3つあったマウスのボタンがアップルではたった1つとなる。ダブルクリックのオプションを導入することで、一見失われたかのように見える機能が実際はきちんとカバーされていた。

　若きアトキンソンは、リサ開発を通してアップルの主要エンジニアとして台頭していく。あらゆる斬新なアイデアやGUI関連の問題解決策を打ち出し、注目を集めていた。今日では当たり前の機能となっているが、アトキンソンの功績のなかでもっとも感動的なのは、ウィンドウを重ねられる画像処理の技術であろう。本人はPARC見学時に同じ機能を見たような記憶があったため、複雑なコードの作成を推し進めた。しかし実のところ、アトキンソンが実現した技術を見た際、PARCのプログラマーたちは驚愕する。アルトに同機能は存在せず、見学時に恐らく何か見間違いや勘違いをしたのだろうと指摘したのだ。

リサチームの大半は、ジョブズの情熱は周りに伝染しやすく、そのアイデアも面白いと感じていた。しかし、ジョブズの干渉グセによって組織内で問題が起きるようになっていく。当然であるが、カウチはリサが自らのプロジェクトであるにもかかわらず、自分の存在感が薄れていく気分になる。リサ開発に関してもともとアップルが承認したビジョンは、ビジネス用途専用のマシンにするということだった。一方でジョブズは普通の人でも手が届く親しみやすいコンピュータを作りたいと考えた。同じコンピュータに対する方針がまとまらず、必然的に開発作業は問題に突き当たる。スコットとマークラは次第に懸念を強める。アップルの主力商品となる新製品の生産に遅れが生じて、値段も高すぎると心配した。ジョブズの引き起こす混乱に対してカウチの不満が募り、ついにスコットとマークラが割って入ることになった。結果、ジョブズはリサ開発から外され、これで完全にカウチがリサの責任者となった。またさらにジョブズの行動を制限すべく、研究開発部門バイスプレジデントの肩書きを外し非常勤会長という新しいポジションにつかせたのだ。

　この新しい取り決めによって、ジョブズはアップルの顔として対外向けの宣伝に専念することになった。しかし実際の事業には何の権限もない大使のような存在であるため、ジョブズは憤慨する。とりわけマークラに捨てられたように感じたのだ。こんな形で裁かれたことに悲しみと屈辱を受け、ジョブズはひどく落ち込む。しかしこの展開があったおかげで、ジョブズはその後アップルの歴史に残る重大な瞬間に向かって集中することができたのだ。

　1980年12月12日、アップルコンピュータの株式が一般公開される。IPO（訳注：新規公開株）としては1956年のフォード・モーター以来の申し込み超過となった。460万株という熱狂的な需要を記録し、初日だけで株価が22ドルから29ドルまで跳ね上がったのだ。

　当時、アップル株の15％を保有していた25歳のジョブズは、個人資産2億2000万ドルを一代にして築いた米国で最も裕福な層に加わった。ウォズニアックとともに父親のガレージで創業して以来、4年も経たぬ間にアップルはフォーチュン500入りを果たす。市場価値は17億9000万ドルを達成。次々と株式を売り払い40名以上の社員が大金持ちになった。

　IPOから何年も経ったのちジョブズはこの日が自身のキャリアのなかで最も重大な日だったと振り返る。アップル創業期の成功を支えた人たちは、この日を境に人生を一変させるほどの富を手にした。しかし初期から参加した主軸メンバーには、ジョブズの言葉が綺麗ごとにしか聞こえない者もいた。

時給制のパート雇用であったスタッフらは、IPOの恩恵を受けていなかった。ビル・フェルナンデス、ダニエル・コトケもこのなかに含まれる。ジョブズの旧友としてアップルを最初から支えてきた者たちだ。特にコトケの場合、この痛い仕打ちを長いあいだ引きずることになる。大学時代からの友人としてジョブズと苦楽を共にし、インド旅行やクリスアンが妊娠したときも彼を支え続けた存在であった。それが突然、これまでの付き合いなどなかったかのように扱われたのだ。コトケが当然もらうべきだと多くの人が思った取り分を、ジョブズは組織管理上の理由をつけて否定した。この点についてコトケが問いただすと、ジョブズは彼の要求をあっさり退ける。生産ラインのマネージャーと掛け合ってくれと受け流した。「そこで友情は終わりました。本当に悲しかったです」。コトケは当時を思い出して語った。Apple II電源を開発したエンジニアのロッド・ホルトは、大儲けの分け前をコトケに与えるようジョブズの気を変えようとした。そしてお互いの持ち株から分けたらどうかと提案する。「君と同じ額を僕もコトケに渡すよ」。ところがジョブズはこれを突っぱねる。「わかった。じゃあ僕からはゼロだ」。ジョブズの頭のなかでコトケらはもうアップルの主要メンバーではなくなっていたのだ。

　一方、ウォズニアックの対応は正反対だった。株式公開前の段階で自身の持ち株から2000株を40名ほどの中堅社員らに安価で譲り売っている。ウォズニアックはこのとき、結婚してすぐ離婚した妻アリスとの高額な離婚訴訟の真っただ中にあったが、彼女にも自分の持ち株の3分の1を譲渡した。それでも自分の株をコトケ、フェルナンデスはじめ恩恵にあずかれなかった社員らに譲ったのだ。

　IPOを果たしてアップル社内の雰囲気はお祭りモードとなる。大金持ちになった社員らには贅沢意識が広がり、色々なことに気が散り出す。冷水機の辺りで豪邸や高級車、奥さんの美容整形手術といった話題で盛り上がる光景が日常となっていく。

　自分はお金に左右されたくない。地に足をつけた生き方を守ろう。そうジョブズは心に決めて、大学時代から貫いていた反物質主義を維持する。巨額の富を得た後も、ジョブズの大きな買い物といえば、優れたデザインゆえにお気に入りの高級車メルセデス・ベンツ・クーペと、たまに選ぶ芸術品ぐらいであった（マックスフィールド・パリッシュの絵画はジョブズ宅の居間にある数少ない装飾品）。個人的なギフトとして最大のものは両親ポールとクララに贈った株式75万ドル分であり、これで実家のローン返済は片付いた。またネパールやインドの視覚障害者団体のためのチャリティー活動の支援も行っている。

スティーブ・ジョブズ　グラフィック伝記

ジョブズ vs ゲイツ

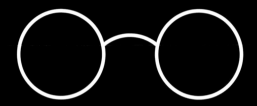

誕生日	**会社設立**	**初製品**
1955年2月24日生まれ	1976年　アップル	Apple I（1976年）
本名	**子供**	**ミリオネア達成年齢**
スティーブン・ポール・ジョブズ	4人	25歳
出身	**既婚歴**	**ビリオネア達成年齢**
サンフランシスコ	1991年3月	40歳
はじめての仕事	**宗教**	**退任**
13歳のとき（HPで夏季アルバイト）	禅仏教を信仰	2011年8月（同年10月5日他界）
教育	**他の関連企業**	**最高資産額**
ポートランドのリードカレッジ（学位取得なし）	ネクスト、ピクサー、ディズニー	83億ドル（2011年）

「デザインはただの見た目やフィーリングじゃない」
「発明心があるかどうか。リーダーと追従型の人間の差はそこにあるのだ」
（監注：ジョブズの言葉ではないとする説もある）
「デザインこそものの仕組みすべてだ。世界で一番優れたものを作りたい。我々はそういう人たちを雇うのだ」
「墓場で一番の金持ちになっているかなんてどうでもいい」
「宇宙に衝撃を与えたい」
スティーブ・ジョブズ

メチャクチャすごい

誕生日	会社設立	初製品
1955年10月28日生まれ	1975年 マイクロソフト	BASIC（1975年）
本名	**子供**	**ミリオネア達成年齢**
ウィリアム・ヘンリー・ゲイツIII	3人	30歳
出身	**既婚歴**	**ビリオネア達成年齢**
シアトル	1994年1月	31歳
はじめての仕事	**宗教**	**定年**
16歳（ボンネビルパワー社のプログラミング）	不可知論者	2008年6月
教育	**他の関連企業**	**最高資産額**
ハーバード大学中退	コービス	860億ドル（2017年）

「まったくプロダクトに満足していない顧客こそ、こちらが学ぶ材料をたくさん持っている」
「成功はロクなことを教えてくれない。できる人間が失敗を恐れるようになるからだ」
「成功を喜ぶのはいい。でも失敗の教訓に耳を傾ける方が大事だ」
「プロダクトが上出来でなくても立派に見せることはできる」
「人生はフェアじゃない。それに慣れるしかない」

ビル・ゲイツ

腐ったリンゴたち^{Apples}

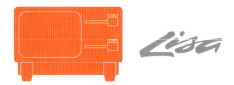

メチャクチャすごい

リサ（Apple Lisa）
発売：1983年1月
製造中止：1985年4月
発売当時の価格：9995ドル

GUI機能を持つ初の一般市場向けパーソナルコンピュータ。当時としては画期的なマルチタスク機能、メモリ保護機能を備えていた。

敗因：先進的機能を備えていたが高額すぎる価格9995ドルと安定性に欠けるフロッピーディスクドライブのため発売当初から不評であった。

ピピン（Pippin）
発売：1996年9月
製造中止：1997年
発売当時の価格：599ドル

すでに飽和状態にあったビデオゲーム市場にアップルが参入して失敗したケース。ジョブズ復活の直前にPowerPC Macを基盤に生産された。復帰後ジョブズは損失の続くゲーム事業への興味をすぐに失い、次世代モデルの製造をただちに取りやめた。

敗因：プラットフォームをライセンス化できたのは日本の玩具メーカーのバンダイのみであった。製品の売りである「ネットワーク型ゲームプレイ」は低速14.4Kbpsモデムによって進行が邪魔され、また時代遅れのプロセッサを使用していたためロードに時間がかかりすぎた。ゲーム種も限られており、ずっと低価格のセガサターンやソニープレイステーション相手の厳しい競争にさらされた結果、生産台数10万機のうち推定販売台数は4万2000機。

iPod Hi-Fi
発売：2006年2月
製造中止：2007年9月
発売当時の価格：349ドル

iPodと連携させるためにアップルが開発・生産を手がけた大型サイズのスピーカーシステム。

敗因：音質は良かったが一般向けのリビングルーム用スピーカーとしては大きすぎ。また、BOSEはじめ既存の人気オーディオ機器メーカーがiPod用ドックを次々と打ち出している状況でアップルの価格設定は度を越していた。

Power Mac G4 Cube
発売：2000年7月
製造中止：2001年7月
発売当時の価格：1799ドル

ジョニー・アイブの手がけた製品のなかでも最も斬新なデザインの1つである。約20センチのキューブ形の筐体が透明のアクリル製ボディのなかで浮いているように見える。当時、ベージュ基調のタワー型PCが中心であったためその斬新性は際立っていた。現在ニューヨーク近代美術館のコレクションにハーマン・カードンとの共同開発による透明スピーカーとともに収められている。

敗因：アップルが性能面の機能やスタイルよりも形状を優先してしまった唯一の製品ではないか？ マシンの処理能力はデザインの斬新性とは釣り合わず劣っていた。値段も1799ドルと高めな上にモニターは別売りだったため、消費者の出費額は当時の価格基準に見合わなかった。結局キューブは期待に反して生産台数の3分の1ほどしか出荷されずに生産を終える。

モバイルミー（MobileMe）
発売：2008年7月
製造中止：2012年6月
発売当時の価格：年間購読料99ドル、ストレージ容量20Gバイト

アップルの一般向けクラウドコンピューティングプラットフォーム創設期の失敗例。.Mac（ドット・マック）とiToolsに続いて公開。モバイルミーによってユーザーはメール、連絡先、カレンダー、写真、ファイルの遠隔アクセスおよび管理が可能となった。

敗因：バグだらけで最悪とうわされた公開時から尾をひいたまま、プラットフォームの欠点が完全に修正されない状態が続いた。結果、ユーザーのメールアクセスが遮断される問題が生じる。サービス公開後まもなくジョブズは開発担当チームを叱りつける。その場に居合わせた者の証言によると辛辣な言葉を投げつけたという。「よくもアップルの顔に泥を塗ったな……お前たちはお互いを裏切ったんだ、憎み合って当然だ」と。

株式公開によってアップルが一流の技術企業であることが証明された。しかしパーソナルコンピュータ市場では新たな競争相手が台頭し始める。もっとも強烈なライバルは、世界最大のシェアを持つコンピュータ会社IBMであった。アップルの次なる飛躍のためには、手頃な価格で使いやすいコンピュータの制作が必要だ。ジョブズはそう考えていた。

　マッキントッシュ開発のプロジェクトは、ジョブズの描く未来像とピッタリ重なった。リサ部門から追放されたジョブズは、次第にジェフ・ラスキン担当のマッキントッシュ企画に口出しをするようになる。アルトのGUIをはじめ、ゼロックスで見た技術をマッキントッシュに採用するよう主張。その一環として、ジョブズはユーザーが複数種の中からフォントを選択でき、プロポーショナルスペーシング（訳注：文字幅に合わせて文字同士の間隔を調整する作業）で文字を綺麗に表示して、サイズ、イタリック体、太字表記も可能にしたいと求めた。

　それまでのパーソナルコンピュータは、1種類の書体による画面表示だけだった。テレビや安価なモニター機器でもはっきり読めるデザインであるが、ごつくてギザギザした感じの不細工なものだ。またジョブズは、マッキントッシュにリサと同じ最先端のプロセッサ、モトローラ68000の搭載を希望する。こうすればPARC見学でアップル陣が衝撃を受けたグラフィック処理機能を再現できるからだ。しかしこの提案はラスキンの計画にそぐわず、能力的には断然劣るが安価のモトローラ6809を搭載予定としていた。ラスキンは、当初の予定通り良心的な価格を維持しつつ、高品質部品を搭載して贅沢な機能を備えたマシンを製品化するのは不可能だと反論する。これを受けてジョブズはラスキンがコスト面で妥協するせいで、せっかくの希望に満ちた美しく面白いマシンが腐ってしまうと思った。ラスキンは頑なに抵抗する。ジョブズの現実歪曲フィールドに立ち向かったのだ。

　考え方や性格の違いをめぐり2人の衝突は頂点に達する。ジョブズの干渉に嫌気がさして耐えられなくなったラスキンは、先にジョブズと対立していたジョン・カウチの場合と同様に、マイク・スコットのもとへ物申しにいく。スコッティはその日の午後にマークラを交えて自らのオフィスでミーティングを行う。敵対する両者が決戦のときを迎えた。ジョブズとラスキンともに感情むき出しでそれぞれの主張を繰り広げた。ジョブズは涙を流してマッキントッシュにかけるビジョンと信念を力説する。カウチが衝突したときと異なり、今回はスコッティとマークラがジョブズの言い分を聞き入れた。そしてラスキンには休暇を取るように促したのだった。

リサ

発売日
1983年1月19日

価格
9995ドル（2017年実質価格は2万4768ドル63セント）

ポート数
パラレルポート1個、シリアルポート2個、マウスポート1個

販売台数
10万台

開発期間
4年

GUI（グラフィカルユーザーインターフェイス）
GUI環境とマウスコントローラーを備えた初の商用コンピュータ

画面表示
12インチ白黒モニター、720×364 pixel

ストレージ
5.25インチフロッピードライブを2つ搭載、外付け5MBハードドライブ

開発費
5000万ドル

スコッティとマークラがジョブズの味方をした動機が何であれ、ときを経てこの判断は正しかったと証明される。ジョブズが舵取り役となって開発されたマッキントッシュ（マック）は、価格1000ドル以下という当初の目標は達成できなかったものの、パーソナルコンピュータ業界に革命を起こすマシンとして市場に誕生することになるのだった。

　ラスキンが失脚してからジョブズは「最高レベル」のプレイヤーだけを集めて自分のチームを増強していく。この夢のチームに加わった1人が若きエンジニアのアンディ・ハーツフェルドだった。当時Apple II部門に所属していた。

　「君はできるエンジニアかい？　マックチームには最高の人材しかいらないんだけど、君が優秀なのかわからなくて」。ある日ジョブズがハーツフェルドのもとへやってきて手探りにこう尋ねた。ハーツフェルドは自信を持って自分は優秀だと答える。するとしばらくしてまたその日の午後、ジョブズがハーツフェルドのキュービクル（訳注：パーティション。間仕切りで区切られた半小部屋のような作業スペース）に舞い戻る。そしてマックチームでポジションを見つけたと伝えた。ハーツフェルドは喜んだが、まだApple II部門でやり残した作業に2～3日は必要だと説明する。ところがジョブズは「あと2年もすれば死んだものになる」マシンのために待ちきれないと言って、ハーツフェルドが作成中だったコードを全消去する。それからマックチームが拠点とするスペースへと連れて行った。「マッキントッシュにアップルの未来がかかってるんだ。今すぐ始めようじゃないか！」と言い放つと、以前ラスキンが使っていたデスクにハーツフェルドを案内した。

　自宅ガレージで製作していたころのような活気を取り戻し、最高に優秀な人間を活用しなければ。そう思ったジョブズはウォズニアックもマックチームに誘おうと考える。しかし2人のコンビ再結成のチャンスは、ある大惨事によって消えてしまう。

　カリフォルニア州スコッツバレーのスカイパーク空港。ここでウォズニアックは新しく購入したビーチクラフト・ボナンザ機A36TC（訳注：6人乗りターボチャージャー単発機）の離陸に失敗する。機体が急速に上昇し失速した結果、2つのフェンスを突き破ってスケートリンク駐車場まで突進する事故となってしまう。

　同乗者はウォズニアックと婚約者のキャンディス・クラーク、そして彼女の兄とそのガールフレンドであった。奇跡的に誰も命に別状はなかったがウォズニアックは重傷を負う。頭の大怪我を受けて部分的な記憶喪失を被った。記憶が完全に回復するまで何週間もかかり、その後しばらくアップルを休職することを決める。そして10年前にドロップアウトしたカリフォルニア州立大学バークレー校へ復学し、学位取得を目指すことにしたのだ。入学手続きでは茶目っ気まじりにロッキー・ラクーン・クラークと名乗っている。

メチャクチャすごい

　1981年初めの数カ月間は、アップルにとって激動の時期となる。すでに20名以上に達していたマックチームがアップル社屋から移動し、すぐ近くのビルに拠点を構えたのだ。ガソリンスタンドの隣に位置していたため、のちにテキサコタワーズという呼び名で親しまれる。その数週間後、マイク・スコットがアップル社長の座を追われることになる。

　このころスコットは突然40名の従業員を解雇して周囲を驚かせていた。らしくない残酷な動きに出たことで、彼の運命は定められてしまう。予期せぬ解雇は社内での士気の低下というネガティブ効果もたらし、スコットの決断の是非を問う声が多く上がった。社員との関係が悪化する状況を懸念したマークラは、スコットがハワイで休暇中に経営陣を集めてミーティングを開く。話し合いの結果、ジョブズやジョン・カウチを含むほぼ全員がスコットの社長継続は困難であり交代すべきだという意見で合意した。揉め事が嫌いなマークラが暫定社長として兼務することになる。こうしてジョブズは誰に邪魔されることなくマックチームを思い通りに仕切れるようになっていく。

　それから数年間、ジョブズはマックチームに対して自分のマニフェストを強調し続ける。「メチャクチャすごい」コンピュータを作るのだと。ジョブズの辛辣な批判はスタッフを怯えさせたが、そのカリスマ性と溢れるエネルギーで不可能に思える要求を押し通して実現させてしまうのだった。

　マック開発時を振り返りながら、ソフトウェア開発チームマネージャのバッド・トリブルはこう語る。「スティーブの前では現実が変形されてしまうのです。どんなことでもみんな説得されてしまいます。そしてスティーブの姿が見えなくなると効力が落ちるのです」。

　細部までこだわるジョブズの姿勢は、マック開発の些細な決定事項においても反映された。ウィンドウ枠上部の縞模様のデザインに関しては、GUI開発者らにマイナーな微調整を求めて何度も修正を促した。他の優先事項に目を向けるべきだと開発者が抵抗しようものなら「こんなものを毎日見ろっていうのか。些細なことじゃないぞ。きちんとやらなきゃいけないことなんだ」と声を荒らげた。

　優れたデザインに対するジョブズの崇拝ぶりはマック開発を通して顕著に現れている。デスクトップ空間を縮小するため、マック本体を縦長にし全体をコンパクトにした。キーボードはApple IIデザインから大変身させて本体から分離する。また、初期の試作品用ケースは角ばっていてジョブズの好みに反していた。「もっと曲線美を取り入れないといけない」。こんなフィードバックをするのだった。

コンピュータ内部の設計に関しても神経を尖らせてこだわった。マック部門の主要エンジニアには、製作者として自分たちの名前をケース用の型（裏面）に署名させた。修理屋ぐらいしか目にすることがない部分だ。しかし偉大なアーティストは自らのサインを入れるというのがジョブズの考えであった。

　フロッピーディスクに関しても改善を進める。Apple IIで標準化された大きくて扱いにくい5.25インチのものに代わり、マックでは画面下の位置に3.5インチのミニフロッピーがドライブに収まる設計にした。小さなフロッピーディスクはシャツのポケットにも入る大きさで組み込み式の専用保護カバーがついている。このため一般のフロッピーと比べて断然ダメージを受けにくくなる。

　一方、美的デザインの観点からマックはとても画期的であったが、すべての面で完璧なわけではなかった。チーム内からの建設的な助言に耳を貸さずにジョブズが怪しい選択肢を押し通した例もある。とりわけマシンのフットプリント（監注：設置面積）を極限まで縮小したケースは問題だった。マックに負荷の高いGUI操作をさせるためには高い処理能力が必要となるが、ジョブズはわずか128キロバイト（12万8000バイト）のメモリしか搭載しないと決めてしまう。これはリサ搭載メモリの約10分の1である。また、ユーザーにマウス使用によるカーソル操作を勧めるため、キーボードから矢印キーも排除した。機能性よりもデザインを優先させた点は他にもある。マックにハードディスクドライブを搭載しなかったのだ。冷却用ファンのノイズ音が気になるというのが理由である。ところがこの決断のためにユーザーはデータ保存をフロッピーディスクに頼らざるを得ないという結果を招いてしまった。

　デザインや試作品のチェックにあたり、ジョブズはユーザー側の立場からモノを見る姿勢を大切にしていた。500万の人たちがマックを使うことになる。そんな野心を抱きながら、マシン起動時の10秒を削減できれば毎日5000万秒の時間の節約につながるという説を思いつき、開発者ラリー・ケニヨンに持ちかける。「1年で何十人もの一生分の時間になるってことだ」。続けて「10秒間、マシンを早く立ち上げられたら、君が何人もの命を救ったってことだ。やりがいがあるよな。そう思うだろう？」と丸め込んだ。大きな未来像を描きながら相手のやる気を出させる。このジョブズ術は度々目標を実現させた。実際、ケニヨンはジョブズと話した数週間後に行ったデモで、なんと起動時間を28秒も短縮させたマシンを披露したのであった。

IBMが手強い競争相手として台頭して以降、さらなる質の向上を求めてジョブズがスタッフに求める基準は厳しさを増していく。そして1981年8月、技術界の大物IBMはパーソナルコンピュータIBM PCを発売。これに対してアップルは『ウォール・ストリート・ジャーナル』の一面広告を使い、やや傲慢ともいえる祝福のメッセージを送る。「IBM殿、コンピュータ革命が始まって35年来、もっとも刺激的で大事な市場へようこそ。心からお待ちしてました」。

　アップル社員の大半はIBM製コンピュータはダサくて二流であると相手にしなかった。しかし新興企業アップルは、コンピュータ業界の大御所であるライバルの影響力を思い知らされる展開となる。ビジネス顧客間での評判と並び営業部門の実力、マーケティング戦略によって、IBM PCは不気味なほど急ピッチで販売台数を上げていったのだ。

第10章

時代は変わる

スティーブ・ジョブズ　グラフィック伝記

時代は変わる

ジョブズの知名度は急上昇を続ける。
1982年、『タイムズ』は年末恒例の特集で
「今年の人(マンオブザイヤー)」の代わりに「今年のマシン(マシンオブザイヤー)」として
パーソナルコンピュータを選んだ。

　自分が選ばれて受賞するのではないか。同特集号のインタビューを承諾したジョブズはそう思っていた。期待は外れたものの、フォーカスされた人物はやはりジョブズだった。新たなコンピュータ革命の唯一の主役として紹介される。「スティーブン・ジョブズ。彼こそドアを蹴り開けパーソナルコンピュータを招き入れた人物だ」と同誌は絶賛した。またこのとき、特集内の囲み記事にさりげなく取り上げられていた青年がいた。彼もジョブズと同じく若きパイオニア的として賞賛の的となる人物である。

　ビル・ゲイツはビジネスパートナーのポール・アレンと共に、アルテアやApple II用のコンピュータ言語BASICを数バージョン作成し提供していた。マイクロソフトのPC-DOS（監注：のちのマイクロソフト社は、これとほぼ同じOSをMS-DOSと改名し、他のパソコンメーカー向けにも販売し始めた）オペレーティングシステム用ソフトウェアを、全IBMのPCに搭載する契約を獲得したゲイツのマイクロソフトは、快進撃を始めていた。ライセンス契約によって他のコンピュータ会社に自社のMS-DOSを提供する形式を取りつけたのは、決定的なポイントである。

　ハードウェアだけでなくソフトウェアプログラムも、コンピュータのセールスポイントとなった。マッキントッシュにとっても、魅力的なプログラムを備えていることが成功の秘訣となる。このため、ジョブズは1981年の後半に、画期的なGUI操作を行うマック用の新しいソフトウェア提供を求めてマイクロソフトと契約を結ぼうとシアトルへ飛ぶ。しかしゲイツの反応は今ひとつだった。マックのプラットフォームに限界を感じ、またジョブズの態度も気になった。

　「変な勧誘話みたいでした。だってスティーブは、君たちのこと本当は必要ないし今は詳しく見せられないけど、うちは凄いことをやっている。そう言うんです。スティーブらしい営業モードですが、これでは『君はいらない。でも参加したいなら入れてやってもいいよ』という風に聞こえますから」。のちにゲイツは当時の経過を明かす。

ジョブズiPodの中身は？

2010年7月1日に行われた基調講演で、
ジョブズはアップルの今はなき音楽系ソーシャルネットワーク
iTunes Pingをデモで紹介した。
この際、何気なく自らのiPodにダウンロードした
お気に入りアルバムのセレクションを公表している。

『ライク・ア・ローリング・ストーン』（追憶のハイウェイ61）／ボブ・ディラン

時代は変わる

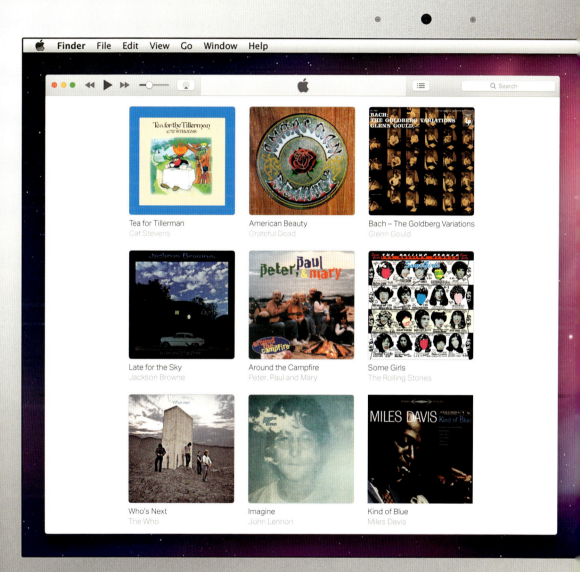

※（左上から列ごとに）『父と子』／キャット・スティーブンス、『アメリカン・ビューティー』／グレートフル・デッド、『J.S.バッハ - ゴールドベルク変奏曲』／グレン・グールド、『レイト・フォー・ザ・スカイ』／ジャクソン・ブラウン、『アラウンド・ザ・キャンプファイア』／ピーター・ポール＆マリー、『女たち』／ローリング・ストーンズ、『フーズ・ネクスト』／ザ・フー、『イマジン』／ジョン・レノン、『カインド・オブ・ブルー』／マイルス・デイヴィス

アップルロゴの進化

初期アップルのロゴ。(訳注:リンゴが木から落ちるのを見て万有引力の法則をひらめいた)逸話で知られるリンゴの木の下に座るアイザック・ニュートンを描写。

虹色リンゴ。1976〜1998年前半まで使用。

水のような質感を初めて実現した水色リンゴ。1998年に登場。

時代は変わる

2001年、2年ぶりにガラス調ロゴの改訂版を発表。2007年まで使用。(監注:「クローム」と呼ばれる)

このガラス調ロゴがしばらく定番となり2007〜2014年まで続く。

白黒ロゴは1998〜2000年まで使用されていた。2014年に復活。

ジョブズの約束通りマックはそれほど成功するかどうか。迷うところだったがゲイツは同意する。グラフィカル版のスプレッドシートExcelや文書作成用のWord、またBASICの新しいバージョンを提供することにした。

　30年以上にわたりジョブズとゲイツの関係は、警戒し合う同盟者という立場から冷たく睨み合うライバル同士といった段階を経る。そして最終的に2人は互いを尊敬し合って真の友情を結ぶようになる。コンピュータ産業への進出の経緯は両者それぞれ異なっている。ジョブズは主にハードウェアから始まり、ゲイツは逆でソフトウェアがきっかけだった。2人が描いたデスクトップコンピュータの未来像もスタート地点からして違う。ジョブズはコンピュータはとても個人的なツールになると信じていた。ユーザーが感情移入をし、会社の中間管理職や秘書といった人たちだけでなく、学校や進歩的な考え方をした家庭でも受け入れられるべき存在なのだと。一方、ゲイツはコンピュータをもっと大きく、シンプルな存在として見ていたであろう。コンピュータの主要マーケットは常に普通のビジネスツールを対象とする。つまり会社間でのコミュニケーション、会計、販売といった業務を担うマシンなのだ。80年代から少なくとも約20年の間はゲイツの予測が的中し、マイクロソフトがコンピュータ業界をリードしていくのだった。

　1982年の終盤まで、アップルは依然としてApple II成功の恩恵を受けていた。Apple IIの販売台数は同年度を通じて70万台という記録を残す。続くApple IIIはApple IIほどの業績は残せなかったが、それでも同年度に5億8300万ドルというなかなかの売り上げを出した。そしてマークラが確信したとおり、アップルはフォーチュン500入りを果たす。

　しかしApple IIは永続的な稼ぎ頭ではいられない。Apple IIIに同じレベルの成功は期待できないのも明らかだった。そこで社運をかけた次のマシンに期待が募っていく。開発費5000万ドルを要したリサが後継者として登場し、1983年1月、メディアが大々的に注目するなか発売開始となる。

　自身が責任者を務めるマッキントッシュよりも先にリサが市場デビューを果たしたことで、ジョブズはひどく落胆する。マウス操作、GUIのインターフェイス機能、ファイルシステムを備える初のコンピュータとしてのタイトルはリサのものになるからだ。またリサには大容量のメモリ、2台のフロッピードライブが搭載され、ユーザーが簡単に使いこなせる7つのソフトウェアプログラム（LisaWrite、LisaCalc、LisaDraw、LisaGraph、LisaProject、LisaList、LisaTerminal）が含まれていた。

ジョブズはアップルの顔として、ニューヨークのカーライルホテルでの記者会見でリサのPRを任され、一連の報道陣とのインタビューにも参加する。ところがジョブズは、自分が仕切るマックプロジェクトへの情熱を抑えきれない。そしてマッキントッシュの名前を口にしてしまう。マックはリサとは互換性がなくまた値段も安価である、と。リサ発売を追うメディア報道ではこの発言が大きく取り上げられる結果となり、大々的なデビュー効果が薄らいでしまったのだ。

　それでもハイテク関連のメディアは依然としてリサを熱狂的に評価する。当時、影響力のあった雑誌『バイト』は「過去5年間のうち最も重要なコンピュータ開発だ。(IBMのPCなど)比較にならない」とリサを絶賛した。

　だが、批評家たちが技術的な進歩に感嘆の声を上げるなか、リサの抱える根本的な問題が明らかになっていく。GUI使用でコンピュータのリソースが枯渇して高機能処理が必要なユーザーには扱いにくいマシンとなってしまう。また、付属ソフトウェア以外、追加できるものがほとんどない状態であった。最大のネックとなったのは9995ドルというあまりにも高い価格で、ビジネス顧客、個人ユーザー双方が敬遠した。確かにリサは一般消費者とパーソナルコンピュータのあり方に革命を起こしたマシンである。けれどアップルに改革をもたらすほどの売り上げには繋がらなかったのだ。

　リサ発表の様子を関心を持って見ていた人物がいた。ペプシコのペプシコーラ部門社長ジョン・スカリーである。スカリーはマーケティング界を代表するリーダー的存在として評価されていた。監督したペプシチャレンジ・キャンペーンは、当時、最も成功を収めた国際規模の広告企画である。ちょうどジョブズとヘッドハンターのジェリー・ローチが(アップルの新社長兼CEOに適した)人材探しをしていた最中にスカリーが登場したのだ。このソーダ会社のマーケティング責任者こそアップルの社長として最適であると、ジョブズとマークラは確信する。

　そもそもマークラは1981年にマイク・スコットが退任した際、アップルCEOの座につきたかった訳ではない。もうそろそろ引退しても良いと考え、会社が機能不全の状態になりつつあることに気づいていた。社内で互いに衝突し合うようになっていた新しいコンピュータ部門を統括する真のリーダーが必要であった。ジョブズは社長職を切望していたが、心の奥底では自分がまだ経験不足で、会社経営をするには未熟であるとわかっていた。マークラも同様に考えていたため、社外から誰か適任者を探す運びとなったわけだ。

スティーブ・ジョブズ　グラフィック伝記

iPod世代

iPod シャッフル
第1世代　1GB

iPodミニ
第1世代
第2世代　4GB / 6GB

iPod ナノ第1世代　4GB

iPod
第1世代（クラシック）
10GB

iPod
第2世代（クラシック）
20GB

iPod
第3世代（クラシック）
30GB

iPod
第4世代（iPodフォト）
40GB

iPod
第5世代　60GB

2001年　　2002年　　2003年　　2004年　　2005年

iPod販売促進広告
お馴染みのコマーシャルに起用されたCMソング7曲。

2004

ブラック・アイド・ピーズ
『ヘイ・ママ』
iPod 3G（2004年）

2004

ジェット
『アー・ユー・ゴナ・
ビー・マイ・ガール』
iPod 3G（2004年）

2004

U2
『バーティゴ』特別版
iPod（2004年）

時代は変わる

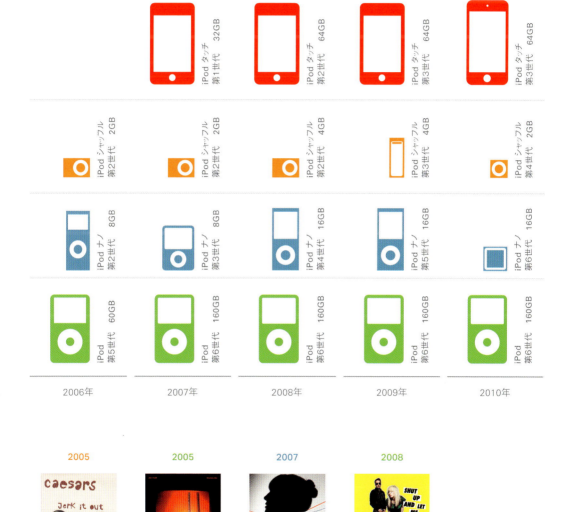

最初に目をつけたのはIBMのドン・エストリッジであった。エストリッジは当時同社が大成功を収めるパーソナルコンピュータ部門の立ち上げを企てた人物だ。アップルは年棒200万ドルにボーナスを加えたオファーを提示。しかし高潔なエストリッジをライバル会社から引き離すことはできなかった。

　この拒絶を受けて、ジョブズとマークラはローチに社長探しの協力を求める。ヘッドハンティングの対象は技術系エグゼクティブでなくてもいい。その代わり消費者マーケティングに精通した人物。ウォール・ストリートでも堂々とふるまえるような知名度のある企業出身者が必要なのだ。

　スカリー獲得までの数カ月。東西両海岸でミーティングが重ねられ、ついにジョブズの魅力攻勢によってスカリーが落ちる。

　ニューヨーク訪問の直後に、ジョブズがスカリーに投げかけた決定打で交渉はまとまった。「これから一生、砂糖水を売るつもりかい？　それとも一緒に世界を変えるチャンスに賭けてみないか？」

　こうして1983年春、44歳のスカリーはニューヨークを離れてクパチーノに到着する。スカリーはドン・エストリッジが見送った条件とほぼ同様の契約に合意したのだった。

第11章

"Think Different"のすすめ

スティーブ・ジョブズ　グラフィック伝記

当初、ジョブズとスカリーの蜜月の関係は周知のものであった。スカリーは当時を振り返り、こう言っている。
　「スティーブの魅力にやられてしまいました。あんなに頭のいい人に会ったことはない。色々なアイデアを熱く語り合いました」
　ビジネス界の理解を深める手助けになるメンターを起用する。そしてまとまりのない当時の会社に、規律あるリーダーをもたらす。これこそジョブズがスカリー採用に踏み切った理由だった。2人はよく一緒に散歩に出かけた。クパチーノの町はずれにある山道を好んで、ハイキングをすることもあった。とにかく親密な状態で、ある日、朝食をとりながらジョブズがスカリーと彼の妻に、自分がせっかちな理由をこう説明している。「地球で生きていられるのはごく限られた時間です。本当にすごいことを上手くやるなんて、人生に2、3回ぐらいしかできないでしょう。若いうちになるべく色々なことをやっておかないと……そんな気持ちがするんです」。
　2人はあまりに仲が良く、お互いに言いかけたことを相手が引き継いで終わらせられるほどだった。マッキントッシュ発表の記念晩餐会でスカリーはこう述べている。「アップルのリーダーは1人だけ。スティーブと私、なのです」。
　新社長が加わった当初、いかにもビジネスマンらしいスーツとネクタイの姿のスカリーに対し違和感を抱く者もいた。カジュアル志向のアップル社内でそんな格好をするのは、来客のある重役たちがフォーマルに繕う必要のあるときぐらいだ。しかし、大半の社員はスカリーがもたらすビジョンに期待を寄せていた。
　IBM PCは隆盛を誇り、また他の「クローン」コンピュータもMS-DOSを採用できる状況で、事実上、マイクロソフトのオペレーティングシステムはパーソナルコンピュータの標準プラットフォームとなっていた。他ソフトウェアメーカーが販売する数々のプログラムとの互換性も持ち合わせている。一方、アップルは互換性のない自社だけの狭い領域に取り残されていた。
　IBMと競争をしていくには会社全体が変わらなければならない。この認識のもとスカリーはアップルが新市場を開拓していくなかで、独自の起業家精神を維持する必要があると社員らに呼びかける。またスカリーはアップルの製品を多様化する意向を示す。当時、アップルは収入源をApple IIに依存しすぎていると感じていたのだ。
　1983年の終盤、マック発表まで数週間前というころだった。青天の霹靂でマイクロソフトがIBM PCおよびPC/AT互換機に新しいオペレーティングシステムを開発すると発表した。その名はウィンドウズ。マックのオペレーティングシステムと同様で、GUIによるアイコン、ウィンドウを持ち、マウス操作を備えたものだ。

スティーブ・ジョブズ　グラフィック伝記

スティーブ・ジョブズ・ルック

1998　　　1999　　　2000　　　2001　　　2003　　　2004

"Think Different" のすすめ

2005　　　2006　　　2007　　　2008　　　2009　　　2010

ゲイツは以前、アップルに対しマック発表後の1年間はそうしたオペレーティングシステムを発売しないと合意していた。ところがマックの生産ラインが当初の予定より1年ほど遅れてしまう。これを受けてマイクロソフトは好機を迎え、発表に踏み切ったのだ。

　この知らせを受けたジョブズは激怒する。ゲイツをクパチーノ本社まで呼び出し説明を求めた。翌日1人で到着したゲイツは10名ほどのアップル社員らに囲まれていた。「君はドロボウじゃないか！」ジョブズは声を張り上げた。平静を保ったままゲイツは言い返す。「なぁスティーブ。この問題の見方は1つではないよ。こういうことじゃないか。僕たち2人の近所にゼロックスさんというお金持ちの家があって、テレビを盗もうと思って僕が入ったらもう君が盗んだ後だった」。

　それからマイクロソフトがウィンドウズ1.0を発売するまで2年の歳月を要した。アップルのエレガントな製品と比べるとバグだらけの不恰好なGUI搭載のコンピュータで、評論家や消費者からは酷評を受ける。しかしマイクロソフトはここから改良を重ねてウィンドウズを市場で優勢な存在へと変えていく。ジョブズは亡くなる数年前、ウィンドウズが登場した経緯は苦い経験として頭に残っていたと明かす。ゲイツはアップルから技術を盗んだ恥知らずだと罵っていた。しかし、もともとアップルがゼロックスのアイデアを利用したという原点を考えれば、これは不当な言いがかりと言えるかもしれない。いや、もしかするとジョブズが腹を立てた真の理由は、アップルのGUI OSの方が創造性、審美性の面で優れていたにもかかわらず、マイクロソフトのOSが戦いを制したということなのかもしれない。

　マッキントッシュ開発が進むなか、ジョブズは自身のチームを率いて研修合宿を行い士気の向上を図る。手始めとしてメンバーたちに伝えたのは「ジョブズ語録」とする以下の3大スローガンだ。

1. 真のアーティストは作品を出荷する（訳注：本当のアーティストはきちんと作品を世に出す、という意味。1984年マック出荷の際、納期的に絶望的だったマック開発チームにジョブズは檄を飛ばし、追い込み作業によってなんとか出荷に間に合った）。
2. 海軍より海賊になる方がいい。
3. 本のようなマック（ノートブック型）を1986年までに出す。

　3つ目のスローガンは将来的なプロダクトについて斬新な考え方を促すことが目的であったが（「本のようなマック」とはラップトップ型マシンの考案段階におけるコンセプトであった。結局重さ約7キロのMac Portable発売までには6年かかっている）、最初の2つは

当時まさにチームが直面する課題に言及していた。

　1番目のスローガン「真のアーティストは作品を出荷する」。これは、今こそ試練のときであり出荷のために納期は守られなければならないと柔らかく伝えている。2番目は、ジョブズ率いる反逆的なチームの技術力は、リサ部門を含め誰よりも優れているというニュアンスである。これ以来「海賊」ことマックチームのビルにはドクロ印のサインが掲げられたのだった。

　スカリーの就任後、しばらくジョブズは希望と喜びでいっぱいであった。しかし時が経つにつれて、この決断はジョブズのキャリアで最も悔やまれる失敗の1つとなる。スカリーのマーケティング力は実績もあり確実であったが、コンピュータに関する経験と知識に限界が見えた。スカリーがクパチーノに到着すると技術アシスタントが手配され、デジタル技術に関して指導を受けたり、オフィスでApple IIの特訓が行われた。まもなくジョブズはスカリーに腹を立てるようになる。自らのような優れた製品に対する情熱が欠落しているのだ。次第に新社長が実際アップルにもたらすメリットに関して懐疑的になっていく。スカリーも、ジョブズの社内スタッフへの態度に不満を覚えていた。

　最初の火種はマッキントッシュの価格設定を決めるミーティングで発生する。ヘンリー・フォードやポラロイド社創業者エドウィン・ランドといったパイオニアたちがそうしてきたように、高額すぎる製品を効率的な生産方法によって手頃な価格まで下げる。ジョブズもこれを望みマッキントッシュを企業のテック部門用ではなく一般消費者向けにしたかったのだ。

　このビジョンを実現させるべく、ジョブズはマック価格を2000ドルに抑えたいと考えた。すでに開発費用は予算を超えており、またジョブズは莫大な広告資金を求めていたために、スカリーはこの価格設定に断固として反対。巨額の宣伝費が必要ならば、製品価格に転嫁させなれなければならないと主張する。これを聞いてジョブズは激怒するが、最終的にはマーケティング費を優先する。結局マックの価格は2495ドルに値上げされる。ジョブズはこの価格で一般市場を制するのは難しいと感じていた。

　巨額の広告予算によって、ジョブズは90万ドルの制作費を代理店シャイアット＼デイによるテレビCMにあてることができた。

　監督には視覚効果抜群のSF映画『ブレードランナー』で注目を集めたばかりのリドリー・スコット監督を起用。ジョージ・オーウェル著の小説『1984年』に着想を得た構成で、IBMが悪の権化、マックが救世主として描かれる。

ジョブズの必須4アイテム
(ジーンズ、メガネ、タートルネック、スニーカー)

リーバイス501s———価格69.50ドル。普段は明るめのストーンウォッシュ系デニム生地を好んでいた。2005年の新製品発表会で、着用していたジーンズの小さな「時計用ポケット」からiPod Nanoを取り出して紹介したエピソードは有名。

イッセイミヤケの黒タートルネック———価格270ドル。ジョブズルックの中で最も定番アイテムといえるだろう。80年代のアジア出張の際、ジョブズはソニー社員らが着用していたイッセイミヤケのデザインによる飾り気のない制服を気に入り、自らもシンプルなニットウェアを着用するようになった。

ロバートマークのデザインによるルノアのメガネ———。価格495ドル。1998年にジョブズ用として特注された、フチなし、ガンジー風の丸メガネ。2011年に追悼記念として一般発売となった。

米国の靴メーカー、ニューバランスのランニングシューズ。991シリーズ(グレー色)数種類を愛用。基調講演や新製品発表会ではとりわけ同シリーズをよく履いていた。

コマーシャルはモノクローム調で始まる。抑圧されたゾンビのようなスキンヘッドの人間たちが重い足取りで行進しながら大集会へ向かう。巨大なスクリーン上では独裁者ビッグブラザーが激しい口調で検閲主義の効果を説く。「今日、我々は輝かしい情報浄化制の誕生をついに祝うに至る……」。

同時に、ハンマーを手にした白いタンクトップと赤いショートパンツ姿の金髪のヒロインが、突撃隊員らしき警備の追跡を逃れながら駆け込むショットが挿入される。ヒロインは大集会に飛び込んでハンマーをスクリーンに向かって思い切り投げつける。これにより爆発が起きて外気の突風が吹き込む。そこへナレーターの声で2日後の新製品発表が告知される。「1月24日。アップルコンピュータはマッキントッシュを発表します。1984年はもうあの『1984年』ではなくなります（訳注：ジョージ・オーウェルの小説に出てくるような暗黒の未来ではなくなるという意味）」。

期待通りジョブズはCMの出来映えに感激する。しかし広告を専門分野とするスカリーおよび取締役会の連中は猛反対した。最終的に取締役会の賛同は得られないまま、アップルのマーケティング部門責任者が承諾し、CM放送を了承したのだった。

1984年1月22日、第18回スーパーボウルのテレビ中継で第3クォーターに60秒間の同CMが全国放送される。（スーパーボウル開催の1カ月前、広告大賞審査へのエントリー条件を満たすためアイダホ州ツインフォールズのテレビ局で試験放送されている。また上映前広告として流した映画館もあった）。

このCMへの反響は凄まじかった。このためアップルは映画館用の広告を手がける代理店スクリーンビジョンを通じて、数カ月の放送時間を獲得する。契約期間の終了後も、すっかりCMに魅せられて何カ月にもわたり再放送を続けたテレビ局オーナーたちもいた。

「1984年」のCMは、広告史上、最も重要な宣伝として位置づけられている。それまでは「コマーシャルが見たくて」スーパーボウを観る視聴者はいなかった。しかし「1984年」を境に歴史は塗り替えられ、スーパーボウル中継用のCMは文化現象となる。毎年恒例のコマーシャル大合戦が繰り広げられ、スポーツの試合以上に注目されるようになったのだ。

テレビ広告と並行してアップルは、大手新聞、雑誌の見開き広告を掲載する。『ニューズウィーク』誌には20ページ構成の大々的な付録冊子をつけるといった戦略を展開した。スカリーの発案をもとに、マック使用を体験してもらう「マック試運転」キャンペーンも実施される。クレジットカードを持つユーザーは24時間マックをレンタルして試用後にディーラーに戻すことができた。また、「ごっつい」IBM製品と異なるマックのイメージをアピールするために、マイケル・ジャクソン、アンディ・ウォーホル、ミック・ジャガーなど著名人にマックが贈呈されたのだった。

1984のCM

テレビCM撮影で登場したエキストラ数。実在するスキンヘッドのロンドン住人が多数採用された。

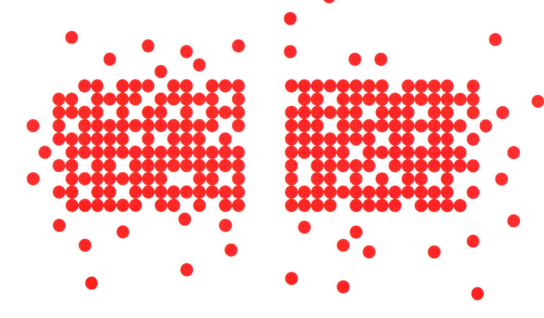

"Think Different" のすすめ

CM所要時間。

CM撮影所要時間。
会場はイギリスのサリー州に
あるシェパートンスタジオ。

CM出演者の日給。

市場調査会社ASIによる
広告効果テストで判定される
平均スコア（訳注：テストは43
点制。アップルの同CMは
5ポイントであった）。

全米で同時配信された回数
（1984年1月22日、CBS中継の
第18回スーパーボウル第3クォーターに
のみ放送された）。

テレビCM史上
トップ50中の順位。

スーパーボウルのCM放送から2日後、ジョブズはアップルの定時総会でマックを正式に発表する。感動的なヴァンゲリス作曲『炎のランナー』のテーマソングが会場を盛り上げるなか、マックの性能を画面上で次々に紹介した。音声合成機能によってマックが聴衆に「話しかける」形でデモは締めくくられる。脅威を増すIBMに対してアップルが立ち向かう姿をジョブズがテレビCMで描いた通り、面白く、洗練されてしっかり的を射た一流のプレゼンテーションであった。この明快な発表スタイルは、のちに伝説級となる数々のジョブズの名演説で繰り返されていく。デアンザカレッジのフリントセンターで行われた輝かしい発表はこうして幕を閉じる。会場は大興奮となりジョブズは5分間のスタンディングオベーションに包まれたのだ。

　ジョブズの講演と同じくマックは熱烈な支持を受ける。消費者専門誌『コンシューマー・レポート』は大絶賛する。「マッキントッシュ……シンプルで使いやすいコンピュータの実現。マシンを使って作業をする感覚ではなく、コンピュータを触っているのを忘れてしまうほどだ」と評価した。『バイト』のグレッグ・ウィリアムズ記者は、マックがパソコンの運命を変えたと断言する。世界が「家電として理想のコンピュータに近づいた」と述べた。

　もちろんマックには欠点もある。オペレーティングシステムのインストール後、搭載されたメモリ容量128キロバイトでは、8ページ半程度の文書保存が精一杯であった。グラフィックスのカラー表示はなく、他のソフトウェアメーカーとの提携はないに等しい。MS-DOSとの互換性がゼロだったのは言うまでもない。

　それでもジョブズ率いる海賊たちは「メチャクチャすごい」ものを作るという約束は果たしたのである。マックに未来像を見たと認める者は大勢いた。その1人であるビル・ゲイツも『ニューズウィーク』で「これからは、IBM PCでなくマッキントッシュ用に面白いソフトウェアが開発されていくと思います」と語っている。

　マッキントッシュは驚異的な初期出荷数を記録する。販売台数は発売から100日間で約7万台にのぼり、IBM PCの記録をはるかに超えていた。

　しかし幸せの絶頂はいつまでも続かなかったのだ。

"Think Different" のすすめ

複雑派 vs シンプル派

ジョブズとゲイツを比較〜わかりやすい英語はどっち

1文中の平均単語数（2007年度の基調講演）

10.5語 | 21.6語

語彙密度（文章の難易度）
（訳注：語彙密度＝Lexical densityは文章中に含まれる意味を持つ単語の割合）

16.5% | 21.0%

高難易度の単語の使用頻度
（3音節以上を含む言葉）

2.9% | 5.11%

フォグ・インデックス
（読み手が理解するために必要とされる教育年数）
（訳注：英語力を図る評価法の1つ。学校教育年数1〜12で示され数字が小さいほど理解しやすいとされる）

5.5 | 10.7

スティーブ・ジョブズ   ビル・ゲイツ

3は魔法の数字

フランス革命が掲げたモットー「自由、平等、博愛」から
「スナップ、クラックル、ポップ」という
1930年代ケロッグ社による粋なうたい文句まで。
(訳注:同社のシリアル広告でおなじみの3キャラクターで
擬音語snap、crackle、popにちなんでいる)、
こうした3段階で分ける手法は、
長年にわたり培われてきたコミュニケーション形式である。

この原則は、我々が短期または「能動的」記憶に保てる情報量には
限界があるという定説に基づいている。
ジョブズはキャリアを通してこのルールに徹した。
これまでの発表で最もインパクトの強いスローガンや
説得力のある表現を検証すれば明らかである。

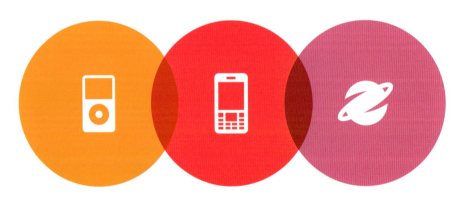

2007年 iPhone発表
新モデルのiPod、携帯電話、そしてインターネット通信機器。
この3製品を公開する旨を前もって観衆たちに繰り返し伝えた。
そして実際に公開したものは、
3種の機能をすべて兼ね備えた革命的な機器1点であった。

"Think Different" のすすめ

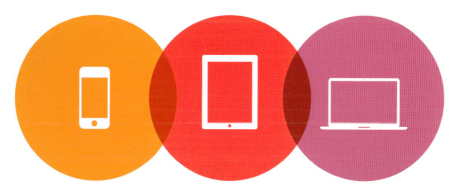

2010年　iPad公開
スライドを提示しながらジョブズはこの新製品が
スマホとラップトップに続く「第3のデバイス」になるのだと力説した。

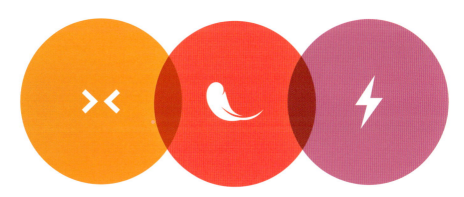

2011年　iPad2公開
前モデルと比較した主な改善点を強調しながら、
ジョブズはiPad2が「よりスリムで、軽く、速い」とアピールした。
大半のブログや新聞上による公開関連の記事で
これら3つの形容詞がそのまま使われたのだった。

ジョブズ基調講演
～5つの名場面

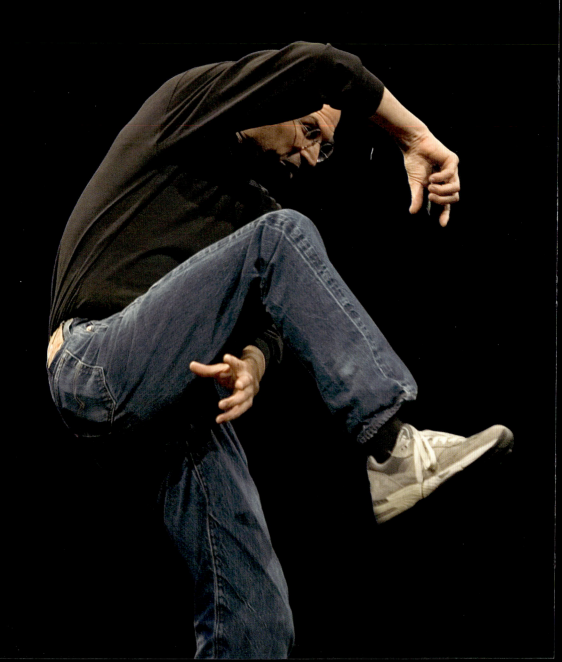

"Think Different"のすすめ

復活への序章（1997年WWC）

1985年にアップル取締役会より解雇。追放を経てジョブズが果たした復活は同社の歴史に残る瞬間となる。デベロッパーリレーションズ担当副社長デビッド・クラスウォールの紹介を受けて壇上に立ったジョブズは、会場総立ちの大拍手が続くなか迎えられる。そして会場の開発者との質疑応答を通し、未来を見据えた自身のビジョンを提示したのだった。

新たなるWi-Fiパワー
（1999年マックワールド／ニューヨークシティ）

ワイヤレス時代の幕開けを告げるべく、会場参加者の想像力をかき立てたのは、やはり他ならぬジョブズによるiBookを使ったWi-Fi機能の紹介デモであった。まるでマジックショーのように、フラフープを用いてラップトップにケーブルが繋がれていない状態でウェブ閲覧するところを実証してみせる。

iPod初公開（2001年10月／クパチーノ市アップルタウンホール）（訳注：アップル旧本社内ホール）

ジョブズが新製品の紹介を始めた時点で会場は静かな状態であった。しかし自身のポケットからデバイスを取り出し、そのサイズと特徴的な白色デザインを提示。すると観衆は興奮を爆発させ、iPodは音楽業界を革新するものだと理解した。

iPhoneでイタズラ
（2007年マックワールド／サンフランシスコ）

初代iPhoneの発表会で、ジョブズはまるで3つの新製品を準備したかのように語る。「iPod、携帯電話、インターネット通信機器」とヒントを与えたのち、実は3製品を1つにまとめたiPhoneを紹介。そして壇上から地元のスターバックスにイタズラ電話をかけて会場参加者分のラテ4000杯を注文してみせた。

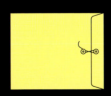

完璧な小道具
（2008年マックワールド／サンフランシスコ）

ジョブズ復活後のアップルによる工業デザインの見せ場であったと言える。MacBook Air公開時、ジョブズは同マシン最大のポイントを完璧な形で披露した。普通のA4サイズ茶封筒を手にしながら中身を引っ張りだし「世界で最も薄いラップトップです」と宣言。こうして高性能、軽量型ラップトップが新時代の到来を告げる。

第 12 章

2塁打2本より
ホームラン1本の方が
いいわけ

**発売直後からマックの評判は上々であったが、
その勢いは次第に失速していく。
ジョブズは1985年までに
当初出荷数200万台を見込んでいたが、
実際は25万台にとどまっていた。**

　ジョブズは売り上げ不振を招いた決定的な理由は、2500ドルの高価格だと非難する。しかし実のところマックの問題はそれだけではない。最新のグラフィック性能は確かに感動を呼んだが、ビジュアル機能を支えるためのメモリ容量が貧弱ですぐ限界に達し、一般的タスクを行う速度があまりに遅かった。また、美にこだわるジョブズが、マックに冷却ファンを採用しなかったため、オーバーヒート状態になって強制終了してしまう問題が頻出。こうして「ベージュ色のトースター」という不愉快なあだ名までつけられてしまう。

　アップルのマーケティング部門もミスを犯した。前年に続き1985年のスーパーボウルのテレビCMでもヒット広告を狙った結果、逆効果となり思わぬ失敗を招く。同CMではPCユーザーである管理職たちがネズミ「レミングス」（訳注：増殖と激減を繰り返しながら集団移住をすることで知られるネズミ）のように次々と崖から飛び降りていく。この暗い設定は、拡大しつつあるコンピュータ市場の顧客層を馬鹿にした空気の読めない宣伝となってしまった。アップルの株は暴落を続ける。株価はリサ発売当時にそれまでの最高値、63.50ドルを記録していた株価はその後急落、それを受けてジョブズが所有する株式価値は、4億5000万ドルから2億ドルへ下落した。当時の損失について聞かれた際にジョブズは答えている。「過去10年間を振り返ってみても、別にあれが特に意味のあること、面白いことだったとは思わない」。

　1985年初頭、旧友であり「同志」でもあるスティーブ・ウォズニアックがアップルからの退職を決めていたため、ジョブズはさらに落胆する。ウォズニアックは新しいスタートアップCL 9の立ち上げに専念したいと考えていた。CL 9はのちに世界初のユニバーサルリモコン機を作り上げることになる。ウォズニアックはカリフォルニア大学バークレーで学位取得後、2年前からアップルに復職し、Apple IIチームに戻って働いていた。しかしこの創業者は会社が巨大化したことに当惑する。また、新製品ばかりに注目して予算をつぎ込みApple IIの存在を軽視している当時の状況に、居心地の悪さを感じていた。Apple IIは

数字で見るiPhone

480億回
1日に行われるiPhoneの推定会話数。

8500万人
米国のiPhoneユーザー数。

0.36ドル
1年間でiPhoneにかかるエネルギー費。

395個
1分あたりに売れるiPhone平均台数。

79%
世界スマホ市場でのアップルのシェア（2016年）。

94%
スマホ業界全体の利益のうちアップルが占める割合。

依然として会社の貴重な収入源であったにもかかわらず、である。退社後もウォズニアックは給料システムに登録され続け、慎ましい顧問料を受け取りながら、コンサルタントやブランドアンバサダーとしての肩書きを維持することになる。

アップル本社での緊張は高まっていた。会社創業以来、初の四半期損失を記録し、社員の5分の1を解雇するに至った。社内ではマック失敗の責任をスカリーとジョブズの両陣営が互いに押し付ける形で状況が悪化し、取締役会が介入に踏み切る。そしてスカリーは社長として指揮をとり、反逆的なジョブズとは一緒に舵取りをしないよう迫られたのだ。

1985年3月、移籍から2年ほど経ったころ、スカリーはようやく取締役会の助言に従って動き出す。ジョブズを呼び出しマッキントッシュ部門から退くように勧告する。今後ジョブズの新たな役割は、アップル会長として事業部門には干渉せずに対外的なスポークスマンということだった。

2012年、スカリーは当時の様子を振り返って述べている。

「1985年、Macintosh Office（マッキントッシュコンピュータ、ファイルサーバー、レーザープリンターをネットワークで繋ぎ、ハードウェアとソフトウェアをビジネス環境として組み合わせたアップルの躍進的な試み）が発売されましたが、失敗に終わりました。そのあとスティーブはかなり落ち込んだ状態で元気がなかったです。彼と私の意見は大きく食い違ってしまいました。スティーブはマックの値段を下げたがりました。一方、私としてはアップルが公開会社である以上、Apple IIを優先する必要があると思ったのです」

「会社にとってApple IIからの収入源は必須だったし、マックの値下げをする余裕はありませんでした。会社の利益にはApple IIの収入が必要で、単にマックの問題を片付ければいいという状態ではなかった」

降格されてもジョブズはすぐに引き下がろうとはしなかった。同年5月、スカリーが中国でのコンピュータ販売をめぐる契約締結のため北京出張を控えていた。このタイミングでジョブズは会社を取り戻すためのクーデターを企てる。

必死ながらもやや未熟な考え方であった。ジョブズは自身を支持する上層部メンバーを集結させ、スカリー追放計画を伝える。このなかにヨーロッパ事業管理ディレクターのジャン=ルイ・ガセーがいた。しかし、ガセーのいる場でクーデター計画を説くのは大きな過ちとなる。ガセーはスカリーへの忠誠を感じており、そもそもジョブズの後任者として準備のためにクパチーノに滞在していたからだ。「私は心を決めてました」。のちにガセー

は回顧する。「あの時点でスティーブよりもスカリーと一緒に働きたいと思っていました。スティーブは完全に暴走状態でしたからね」。ガセーは追放計画の存在をスカリーに教える。「もし明日、中国へ飛んでしまったらあなたは追い出されて終わりですよ」。　翌日の朝、ジョブズは毎週の幹部会議に向かう。そこにスカリーの姿を見つけ驚く。スカリーは取締役会の前で背信行為に関してジョブズを問いただした。クーデターの噂は本当であるか、と。これをジョブズは正直に認める。すると今度はスカリーが取締役会に尋ねる。自分かスティーブのどちらかを選ぶしかないと。結局、全員がスカリー支持を表明した。ジョブズが期待していたサポートは存在しなかったのだ。

　そして翌週の金曜日。ジョブズは決定的な屈辱を味わうことになる。さらなる降格で非常勤会長に任命され、スカリーとは別棟のビルにオフィスを移されてしまう。

　マック発売から1年半も経たないうちにジョブズは国際的な有名人となっていたが、同時に、創業会社から追い出される形となる。失脚による精神的な打撃は大きかった。アップルこそが成人期の生きがいであったのだ。ここから続く落ち込みように、親しい仲間うちではジョブズが自殺を考えているのではと心配する者もいた。「間違った人と組んでしまったんだ。スカリーは僕が過去10年間で積み上げてきたものをメチャクチャにしてしまった」。1995年のインタビューでジョブズは苦い経験をこう回想している。

　ジョブズがアップルのために最後に試みた企画がある。取締役会に『スターウォーズ』監督ジョージ・ルーカスの持つルーカスフィルムのグラフィックスグループ買収を提案したのだ。最新鋭のコンピュータグラフィックスを操る技術者で構成された部門である。ジョブズは彼らの3Dアニメによる画期的な作品デモをカリフォルニアのオフィス訪問で見学し、凄まじい感動を覚えていた。「彼らのグラフィックス技術は、僕たちの先の先を行ってました。ずっとずっと先です」。ジョブズはこう述べていた。「あんなに先を進んでる連中は誰もいませんでした。彼らの仕事は重大な意味を持つ。直感的にそう確信しました」。しかし当時アップル社内でスティーブの影響力はどん底状態であったため、この提案に誰も聞く耳を持たない。結果、アップルはのちにピクサーとなる会社を買収するチャンスを見送ってしまうのだった。

　ジョブズはこの夏の残りをアップルアンバサダーとしてヨーロッパやロシアを旅しながら過ごす。海外でジョブズは依然として「ビジネス革命の象徴」として注目されていた。ジョブズは旅を重ねながら今後進むべき道をあれこれと模索する。投票したこともないのに政治家になろうかと考えたり、また民間人としてスペースシャトル旅行に申し込んだりもした。ジョブズはアップルスポークスマンとしての海外訪問を通して、国家のリーダーや大学学長、芸術家、そして大きなポイントとなる科学者たちとも顔を合わせる機会に恵

スティーブ・ジョブズ　グラフィック伝記

iPhoneのはじまり

1999年12月、アップルによるドメイン名iPhone.orgの登録を受けて、
同社が携帯市場に参入するという噂が出回った。
実際にiPhoneが誕生するのはその約7年後となる。

2002年9月
『インターナショナル・ヘラルド・トリビューン』紙のインタビューでジョブズはアップルによる携帯電話の開発について否定はしないが明言を避ける。

2002年10月
イギリス、シンガポール、オーストラリアでは「iPhone TM」のトレードマーク登録が遅れる。

2005年9月
モトローラがROKRを発売し待望のiTunes対応携帯が誕生。ストレージ容量はわずか100曲であった。また無線状態で電話機に楽曲をダウンロードできない弱点を抱えていたため、ハイテク系メディアから酷評され、消費者の反応も今一つであった。

2005年10月
『フォーチュン』誌との対談でジョブズは、アップルの携帯電話市場への進出はROKR事業以降も続くという見解を見せる。

2006年11月
アップルはiPhone用特許を取得。

2006年12月
2000年より「Iphone」商標権を所有していたシスコシステムズが同名称のもと新デバイスVoIPを発表。

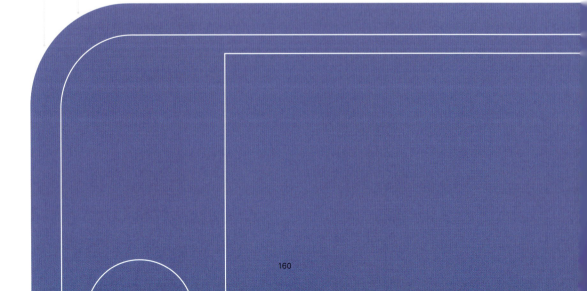

2塁打2本よりホームラン1本の方がいいわけ

2007年1月
ジョブズはマックワールド基調講演にてiPhoneを初公開する。

2007年2月
アップルとシスコはiPhone商標に関して合意。相互が利用する方針でこの商標訴訟は和解した。

2007年5月
iPhone発売遅延を示唆した誤報記事がネットで流れた結果、アップル株の時価総額が40億ドルも下がる。

2007年6月
予定通り2007年6月29日、米国でiPhone発売開始。

2007年11月
イギリスでO2（訳注：大手携帯キャリア「オー・ツー」）経由によりiPhone発売開始。

2007年12月
iPhoneが一世風靡し『タイム』誌の「今年の発明品」に選ばれる。

まれた。

　夏の終わりにジョブズはノーベル賞受賞生化学者のポール・バーグと知り合う。バーグは現代のコンピュータでは科学分野のシミュレーションを効率よく行うのが難しいとこぼしていた。マックもPCも、バーグらが必要な計算論モデルを実行するには力不足ということであった。バーグとの会話でジョブズのインスピレーションは大きく膨らむ。そして新しい超高性能のコンピュータ「ワークステーション」を作ってみたいと思いつく。ユーザー対象は主に、バーグが話していたような大掛かりなタスクを抱えている大学機関や多岐にわたる教育産業だ。

　やはり自分の仕事を心から愛している。そうジョブズは感じていた。新たに素晴らしいプロダクトを生み出す原動力が自分にはある。これからはブレーキをかけてくる取締役会やCEOの干渉を気にせず、自らのビジョンと情熱を追いかけていけばいいのだ。そう決意を固め、ジョブズは新会社の設立に踏み切った。

　ジョブズは所有していたアップルの149万9999株を売却し、1億3500万ドルの資金を調達して新規事業を立ち上げる。ただし、会社の年次報告書を受け取るために1株だけは手元に残しておいた。

　当初アップルはジョブズによる新会社設立の計画に賛同する。投資まで検討していたほどだ。しかしジョブズがアップルの主要エンジニア含む5名の社員を新会社へ連れて行くという計画を知ると、スカリーは憤慨し、ジョブズと新会社を訴える構えを見せる。アップルの社員および知的財産を不当に横取りする行為であると受け取ったのだ。この件は結局、1985年以内はジョブズが競合製品を発表しないことを条件とし和解にたどり着く。加えて、ジョブズの新会社は、全ての新商品をメディア発表前にアップルへ提示するよう義務付けられた。消費者への販売前の段階でアップルが必要な法的措置を取れるようにとの予防線であった。

　ジョブズの離任後、アップルは予期せぬ好展開を迎える。ようやくマッキントッシュの本領を発揮する市場が見つかり始めたのだ。これには、ジョブズ退任直前のタイミングで発売されたレーザープリンター周辺機器の需要が高まった背景が大きく関係している。プリンター機器と独自にフォントを操るマックの性能という組み合わせは、プロフェッショナルな書類や資料作成を望む顧客層にとって非常に魅力的な選択肢となった。スカリー指揮のもとアップル売上高は1993年までに80億ドルに成長する。しかし90年代が進行するなか同社の運命は大きく変わっていく。マイクロソフトすなわちウィンドウズが独占市場を築き上げていったのだ。

　新事業設立と並行する形で、ジョブズはルーカスフィルムのコンピュータグラフィックス部門を500万ドルで購入する。もう500万ドルを追加投資し、社名をグラフィックスグ

ループからピクサーへと変更した。

　同部門は、映画業界のために初期CGI効果やアニメーション製作を提供し、またソフトウェア、ハードウェアの自社開発にも取り組んでいた。代表的なプロダクトである「ピクサーイメージコンピュータ（Pixar Image Computer）」は価格3万ドルのコマーシャルイメージプロセシング用の機械で、グラフィックス業界や医療分野が対象である。ジョブズは当初、一般市場向けの高性能でもっと安価なコンピュータの生産を構想していた。ピクサーイメージコンピュータの主要販売先はディズニーであったが、事業を継続するほどの売り上げを獲得できない状況であった。この非効率を受けて1990年、ジョブズはハードウェア部門をビコムシステムズに200万ドルで売却せざるを得なくなる。こうしてピクサーはグラフィックス制作の専門会社となった。（編注：実際にはRendermanという人気CG制作ソフトが主力事業で、その宣伝のためにアニメーション作品の制作を行っていた）

　1986年初頭までには、ジョブズの新会社は軌道に乗り始めていた。社名は暫定的にNextとされる。スカリーのようなCEOからの束縛もなく、ジョブズが自由に優れたデザインを追求できる環境となる。新事業に視覚的なアイデンティティーを与えるべく、（訳注：ロゴ作成には）著名グラフィックデザイナーのポール・ランドを起用する。報酬は10万ドル。当時の基準であり得ないほど高額である。

　それまでにUPS、ABC、IBMなどのロゴを手がけた実績を持つランドは、ジョブズが構想中の新しいマシンの形をした立方体形のデザインを考案する。カラーフォントを使用し小文字のeを組み合わせる。「e」は「教育（education）、優秀（excellence）、専門知識（expertise）、格別（exceptional）、興奮（excitement）、$e=mc^2$」）（訳注：質量とエネルギーが等価であるというアインシュタインの公式）を象徴するのだと説明した。ジョブズは小文字を1字使用した点を含めランドのデザインを大いに気に入る。そして新会社は正式にNeXTと呼ばれることになった。一風変わった大文字の組み合わせ方による名称であるが、このスタイルはその後ジョブズのキャリアを通して特徴となっていく。

316億ドル。ジョブズ死亡時(訳注:2011年10月)における所有アップル株式11%の時価総額。

ジョブズが株式売却で失った代償とは……

アップルを追放された当時、
ジョブズは所有株のうち149万9999株を売却。
会社の年次報告書を受け取るために1株だけは保持した。
もしあの売却をしなかったら、
死亡時には世界トップ5に入る
大富豪になっていたであろう。

1億3000万ドル。アップル株式11%の時価総額
（1984年のジョブズによる株式売却額）。

第13章
ハングリーであれ

スティーブ・ジョブズ　グラフィック伝記

ハングリーであれ

**1986年初頭、ジョブズ率いる少数精鋭のNeXTは
カリフォルニア州レッドウッドシティに
オフィスを構えるようになっていた。
こうしてジョブズの夢のマシン誕生への
プロセスが開始したのだ。**

　ジョブズといえばお馴染みのパターンだが、往々にして、デザイン感覚を実践的問題よりも優先させる傾向にある。新コンピュータ設計に関しても、マザーボード収容にあたって問題が生じるにもかかわらず立方体を押し通す。新コンピュータには、実験室で本格的なシミュレーションを実行できる性能と、寮住まいの大学生でも購入できる安価なものを求めた。開発エンジニアやプログラマーたちに課された納期は1987年夏、目標販売価格は3000ドルだった。アップル時代のジョブズの手法と同じく、これはあまりにも高いハードルだった。

　カギを握るイノベーションは、イーサネット機能を搭載することであった。コンピュータのネットワーク化は世界を変えるはずだ。このジョブズの予想は正しかった。驚くほど先見の明があるジョブズは、こう断言していた。「90年代前半で最も面白いことは、パーソナルコンピュータ同士を繋いで、個人間での通信ができるようになることだろう」。

　ハードウェアを支えたのはエレガントなオペレーティングシステムNeXTSTEPであった。マッキントッシュと同様に、このシステムはマウスを用いた直感的なGUIによって操作されるが、機能的にはさらに一歩突き進んでいる。十分なマルチタスク機能を備え、複数プログラムを同時に操ることが可能だ。またNeXTSTEPのソフトウェア技術によって、洗練された機能豊富なプログラムを作成しやすくなった。

　1986年11月、公共放送ネットワークPBSのドキュメンタリー『アントレプレナー』が放送され、ジョブズとNeXTが特集される。同番組を視聴後、テキサス出身の大富豪ロス・ペローはただちに会社株式の16％に当たる2000万ドルの出資を申し出る。加えてスタンフォードやカーネギーメロン大学も出資に相次いだ。

　ネクスト事業は具体化しつつあったが、一方でジョブズの家庭事情はあまり好ましくない状態であった。養母のクララが肺がんと診断を受け、ジョブズは手のあく時間を見つけては母親のお見舞いにあてる。

スティーブ・ジョブズ　グラフィック伝記

NeXTコンピュータ

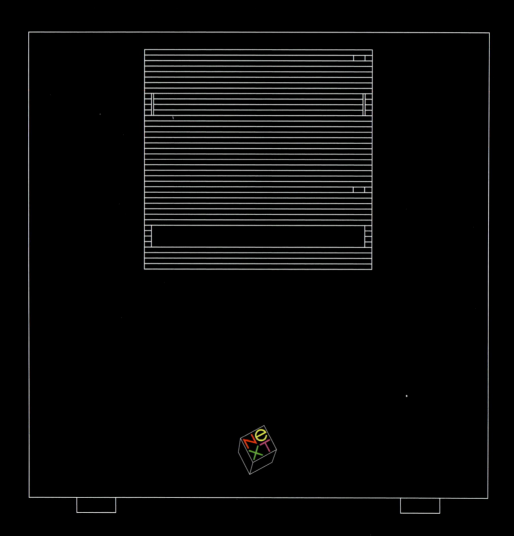

ハングリーであれ

6500ドル　導入価格
1988年の祝賀会でお披露目されたNeXTコンピュータは、ジョブズにとってアップル退職後、初の新製品となる。未だかつてないレベルで高性能のハードウェアとソフトウェアを組み合わせたマシンであった。

フロッピー、ハードドライブなし
初代NeXTコンピュータは主記憶装置用として、取り外し可能なキヤノン製の256MBの光磁気ドライブを使用。

NeXTSTEP
Unixベースの画期的オペレーティングシステム。ディスプレイポストスクリプト（DPS）という技術を採用して実現したGUI機能が特徴。（訳注：DPSはアドビとネクストが共同開発した、印刷結果と変わらない画面表示技術）

17インチモノクロームモニター
グレイスケール表示（1120×832ピクセル）。のちにカラー表示モデルが登場。

標準搭載メモリー8MBのオンボードメモリ
64Mバイトまで拡張可。

DSPチップ内蔵
CDクオリティのステレオ音響。

CPU（中央処理装置）
モトローラ68030、25メガヘルツで作動。

自分の実の両親についてもっと知りたいと思っていたジョブズは、私立探偵を雇って調べ実母ジョアン・シーブルの存在を突き止めていた。クララが亡くなりしばらくして、私立探偵から連絡を受けてジョアンの居所を知る。養父ポールの気を害さないように配慮して、ジョブズはクララを天国に見届けてからポールに尋ねる。ジョアンに連絡を入れてもいいだろうか、と。もちろんポールは承諾する。

　そして31年の月日が流れたのち、母子は対面を果たす。当然のことながら感動的な瞬間であった。ジョブズはロサンゼルスで暮らすジョアンの自宅を訪問する。母親はジョブズを養子に出したことを何度も謝り続けた。いつだって忘れたことはなかった、と。ジョブズは「ジョン」こと実父アブドゥルファター・ジャンダーリについても聞かされる。シリア出身の実父は政治学の教授になり、ジョブズが養子になった後に2人は結婚した。しかし結婚生活は上手く続かずに離婚。両親の間にはモナという女の子が生まれていた。ジャンダーリと別れた後、ジョアンは再婚していた。

　ジョアンの娘モナは作家になっており、兄弟の存在については知らされていなかった。当時モナは文学誌『パリ・レヴュー』に勤め、ヒット作『ここではないどこかへ』を執筆中であった。この小説は家庭に無関心な父親との自身の経験をもとに書かれている。スティーブとモナは彼女が暮らすニューヨークで対面することになった。兄妹はたちまち意気投合する。好みや性格に共通点が多いことにも気づく。2人とも散歩好きでデザインへの関心が高い。またモナは仕事熱心で意志の強い性格であった。

　ジョブズは養妹のパティとは気が合わなかったが、モナとの親交はすぐに深まり、その後の彼の人生を通して大きな財産となる。

　モナは実父がサクラメントにいることを突き止めた。そして一緒に会いに行くかどうかジョブズに尋ねる。ところがジョブズは妹の誘いを断る。のちにその理由をこう述べていた。「生みの母親を探していた時点で、もちろん父親のことも気になっていたよ。でも父親がどんな人だったのかをちょっと聞かされて、いい印象が持てなくなってしまった。モナには僕と会ったことは話さないでほしいと頼んだ。何ひとつ言わないでってね」。

　父親との再会の日。モナは秘密がバレないように気をつけていた。ジャンダーリがモナには養子に出された兄がいるという話をした際にも、スティーブの名を出さないようグッとこらえる。「あの子にはもう2度と会えないんだ」。父親はモナにこう伝えた。2人の面会は無事に進みモナが帰りがけたときのことだ。当時ジャンダーリが経営するコーヒーショップで、彼は驚きの一言を呟く。「もっと大きな店をやってたころを見せてあげたかったな……」。以前ジャンダーリはシリコンバレーで地中海料理の人気レストランを経営していたのだ。「色んなお客さんがいたよ。あのスティーブ・ジョブズも食事に来てたんだから。

ほんと、チップも弾んでくれたよ」。

モナからこの事実を聞いたジョブズは仰天する。そしてあの日のことを思い出した。「彼はシリア人だったな、頭がはげかかってた。握手もしたよ」。ジョブズは実父に会いたくなかったが、実はもう会っていたのだ。そのレストランでの意外な再会を除き、ジョブズが実父と連絡を取ることはなかった。しかしジャンダーリはあるニュースでジョブズが息子であるという事実を知る。シリア人のプライドから息子に連絡を入れなかったが、ジョブズの死後、数年にわたり誕生日に短いメールを送っていたことを告白している。

1987年はあっという間に過ぎていく。ネクストコンピュータの発表は当初の予定より遅れてしまう。開発期間中に新機能が追加されたことや、ジョブズの完璧主義が遅延の原因でもあった。ジョブズはネクストコンピュータの特許取得済みモニタースタンドをめぐって何カ月も慎重に協議を重ねていたのだ。ジョブズのこだわりぶりは工場の壁色にまで及ぶ。グレー系の色が気に入らないと言って完全に塗り替えるよう指示を出していた。

そしていよいよ1988年10月、NeXTによる高性能デスクトップコンピュータはサンフランシスコのデイビス・シンフォニーホールで初公開となる。当時の基準では画期的な高音質ステレオサウンドを披露するために同会場が手配された。

ジョブズのプレゼンは、今回も大げさな言葉を頻用するが、細部まで徹底的にプランニングされていた。いわゆる企業CEOたちとは異なり、ジョブズはスピーチを自ら執筆し、スライドやデモ内容もあれこれ悩みながら自分で選んでいく。準備の成果は上々だった。ネクストコンピュータのマルチメディア性能は素晴らしい印象を与え発表は成功を収める。

発表会を見学したウィリアム・J・ホーキンズは『ポピュラーサイエンス』誌の記事でこう記述している。「会場にいた人の大半は、ジョブズによる革命的な新製品がアメリカの起業家精神を具現化する傑作だと感じました。彼は人々が愛してやまない永遠のロマンチストなのです」。また同年、Nextの新製品は『バイト』により、その年の「優秀賞」に名を連ねる。「パーソナルコンピュータがハードウェアの寄せ集めではなく、1つにまとめられたシステムとして設計することで発揮する能力」を見せつけたと評価した。『ニューズウィーク』誌は表紙に「ミスターチップ」と題して美しい黒色のネクストにもたれかかるジョブズの写真を掲載。「ここ数年で最も面白いマシン」と褒め称えた。

観衆が基調講演に魅了されるなか、コンピュータ価格6500ドルが提示さる。これは3000ドル以下という学者関係者から助言されてジョブズも約束していた額をはるかに超えていた。しかもユーザーの出費はそれだけに収まらないのだ。別売りプリンターも2000ドルと高額だった。おまけに大々的に称賛されたストレージ用光ディスクは処理速度が遅いため、2500ドルもする外付けのハードドライブの購入がほぼ必須であった。

NeXT時代からのレガシー

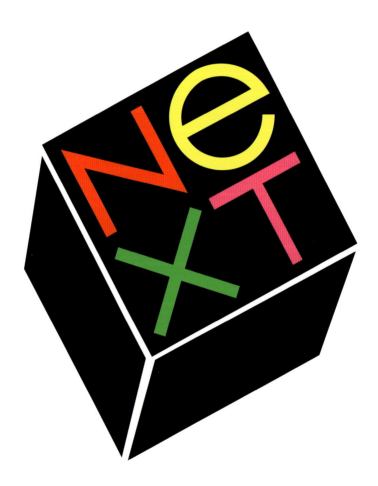

ドック

NeXTSTEPの先進的なユーザーインターフェイス機能の1つ。画面左手にアイコンバーが表示され常用アプリケーションへ簡単にアクセスが可能となる。デフォルト状態では画面横側でなく下側に設置される。今日MacOS用ドック（訳注:Dock）は同機能を備えアップルのユーザーインターフェイスに不可欠な要素である。

クルクル回る虹色マーク／「死のビーチボール」
The Pinwheel

ユーザーに最も嫌がられるアイコン・アニメーション類に入るマークである。回転ボールはマックがタスク処理を進行中の状態で追加入力を受けつけられないという警告表示。当初NeXTSTEP用に白黒式で使用されていた。

グラブ
Grab

NeXTSTEPに備わっていたMacOS同様のスクリーンショット撮影用アプリケーション。当初使われていたフラッシュ付きカメラのアイコンはアップル2007年版OS X 10.5（愛称レパード）まで使用。

チェス

近年、Game Center技術を通して追加されたオンライン対戦機能を除けば、このNeXTSTEP内蔵チェスゲームはMacOS標準搭載バージョンとよく似ている。

システムサウンド

21世紀の幕開け以来マックユーザーにはすっかりお馴染みとなったマックの通知音（Basso、Frog、Funk、Ping、Pop、Tink）の大半はNeXTSTEPから移行されたものである。

最新鋭のロボット主導型のネクスト工場は毎月1万台の生産を見込んでいた。しかし1989年夏の発売後も工場の稼働ペースは停滞したままだった。結局、販売台数は月400台まで落ち込む。新事業は急速なペースで損失を出し続けた。
　事業面において調子は冴えなかったが、ジョブズの私生活には好機が巡ってきた。
　クリスアン・ブレナンとの破局以降、ジョブズは何人かのガールフレンドと交際した。このなかにはフォーク歌手ジョーン・バエズやピューリッツァー賞授賞作家ジェニファー・イーガンが含まれる。ジョブズと長く付き合った最初の女性はグラフィックデザイナーのティナ・レドセであった。2人の波乱万丈な関係は2年間続く。ジョブズに娘リサとの関係を改善させるように促したのはレドセであり、父親として会う時間を増やすように努めさせていた。ジョブズはプロポーズする。が、レドセはそれを断る。ジョブズの冷たく残酷で、他人や自分を傷つけてしまうところに自分は耐えられそうもない。その想いでジョブズの元を去っていった。「色々な意味で無理だろうと思いました。一緒にいてスティーブの冷たいところに耐えられませんでした。あの人を傷つけたくなかった。でも彼が他の人を傷つけるのを見るのも嫌でした。一緒にいるのが辛くて疲れ切ってしまいました」。
　1989年10月、ジョブズはスタンフォード大学ビジネススクールで講演を行う。ジョブズは壇上へ呼ばれるまでの間、隣の席にいたローリーン・パウエルとお喋りをする。満員の講堂には空席がなく、パウエルはジョブズ隣の関係者席にたまたま座ったのだった。
　ジョブズは急ぎ足で講演を済ませる。先ほどの若くて綺麗な大学院生ともっと話したいと思っていた。講演会場をパウエルが後にするのが目に入ると、学部長との話を手短に済ませる。パウエルとまた少し会話をした後、ジョブズはネクスト社員との会議の予定に向かうため車に向かう。そこで気が変わってしまう。
　「駐車場で車に鍵を差し込んだところで思ったんです。『もしこれが人生の最後の夜だとしたら、ビジネス会議に行くか、それともあの女性と過ごしたいか？』って。急いで駐車場を横切って、ディナーに行きませんかと彼女を誘いました」
　この出会いの後しばらくの間、ジョブズは夢中でパウエルのことを同僚たちに喋っている。ベジタリアンで頭が良くて美人。ゴールドマン・サックスで勤めてからスタンフォードに入った彼女は、学校のルームメイトにこう話したことがあった。まるで予知していたかのように、いつか「スティーブ・ジョブズみたいなシリコンバレーのお金持ち」と結婚したい、と。

ジョブズとパウエルは頻繁にデートを重ねていく。ネクストオフィスやスタンフォード大学構内では2人が一緒にいる思いもよらぬ光景が繰り返された。パウエルがジョブズのジャックリングハウス邸に泊まった翌日に「NeXT」表示入りのナンバープレートがついたジョブズのBMWを運転して学校へきたり、またジョブズが校内カフェで一緒に昼食をとる姿もよく見られた。スタンフォードの課程を修了後、パウエルはジョブズ宅へ移り同棲を始める。そして1990年元旦、新年の幕開けにジョブズはプロポーズした。

　反物質主義的な価値観を持つジョブズらしく、結婚式はメディアを騒がすような派手なものではなかった。2人はヨセミテ国立公園でジョブズの恩師である僧侶の知野弘文の取りしきりのもと、慎ましい式を挙げる。

　半年前、ジョブズはビジネス系メディアで「世界一の独身男」と取り上げられていたが、いよいよこの称号を返上するときがきた。ジョブズは家庭持ちの身となる。1991年9月に長男が生まれた。ジョブズらしく何カ月も熟考を重ねた末、自身の母校と父親の名前にちなみ、リード・ポール・ジョブズと命名する。ジャックリングハウス邸を引き払ってパロアルト旧市街の大き目な家に引っ越した。またクリスアンの承諾を得て、娘リサも新居で一緒に暮らすことになった。

　新しい私生活の充実ぶりは、事業面で進行していた悲惨な現状から少し目をそらさせてくれた。ネクストの販売台数が月間わずか500台まで落ち込むなか、会社はシステムのバージョンアップとオプション機器を発表するという状態だった。これには前モデルより速いCPU、グレイスケールに代わる16ビットカラー、内蔵ハードドライブが含まれる。

　前モデルに改善が加えられてネクストはずっとパワフルなマシンに仕上がっていた。しかし売り上げは依然として伸びず、決断の時はやってくる。1993年2月、販売台数わずか5万台という記録を残し、日本の国際企業キヤノンからの大型投資をはじめ投資家からの数億ドルの資金を注ぎ込んだ末、ネクストコンピュータの生産中止が発表される。キャッシュ流出を防ぐため、今後はNeXTSTEPオペレーティングシステムをインテルの486チップ（訳注：486はIntel 80486の略）に移植することになった。この変更により当時主流であったマイクロソフトウィンドウズ対応のコンピュータでも作動可能となる。

　ネクストが販売したマシンの種類は少なかった。にもかかわらずその影響力は広範囲に及ぶ。ティム・バーナーズ＝リーは、ネクストのワークステーションNeXTCUBEを使って初のウェブサーバおよびウェブブラウザ用ソフトウェアの仕組みを築いたことは有名である。また、ジョン・カーマックも同じマシンを使用して「ウルフェンシュタイン3D」や「ドゥーム」を作成。これらはともに史上最も影響力のあるビデオゲームとされている。

第 14 章

進化をもたらすもの

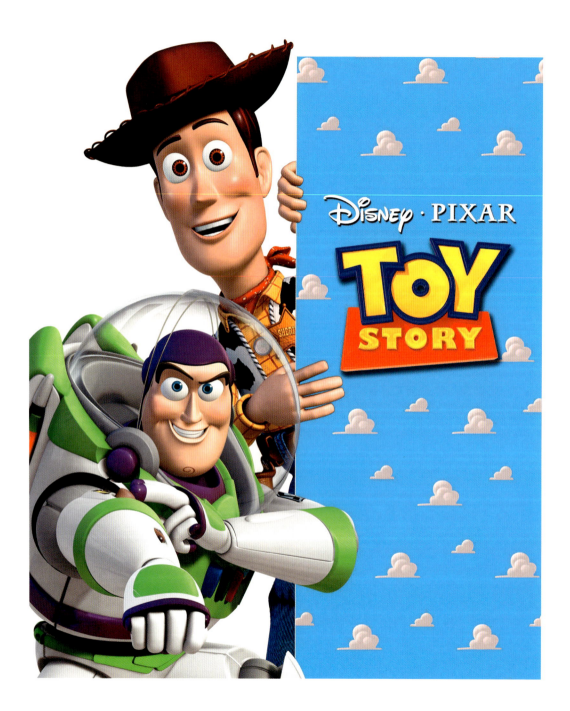

進化をもたらすもの

　1986年、ジョブズによる買収後まもなくピクサーは映画業界での影響力を強めていく。若きアニメーターのジョン・ラセター製作の短編映画『ルクソーJr.』が、CG作品として初めてアカデミー短編アニメ賞にノミネートされた。

　ラセターはディズニー勤務時代に、ピクサー創業者のエド・キャットムルとアルビー・レイ・スミスによって同社のアニメーション分野の強化のために引き抜かれ移籍していた。ラセターはそれまでディズニーでCG主体のアニメーション企画を制作していたがこれらの作品は未公開のまま終わっていた。

　短編作品『ルクソーJr.』は、アームが曲がるデスクスタンドの子供が、親のデスクスタンドと一緒に遊ぶ様子を描いたストーリーだ。事実上、ピクサーのグラフィックデザイン用マシンピクサーイメージコンピュータの実力を見せつけるデモ作品であった。個性とユーモアに溢れる同作は、短編アニメとしてアカデミー賞こそ逃したが、厳しい状況にあるピクサーの新しいロゴデザインへのインスピレーションに繋がり、デスクスタンドのキャラクターは同社のマスコットにもなる。

　『ルクソーJr.』は成功したものの1991年を迎えた時点でピクサーの財政は火の車であった。前年の損失は800万ドルを超えていた。ジョブズはピクサーのハードウェア部門を売却し、同社のアニメーションソフトウェアであるレンダーマン3Dに目をつける。誰でも家庭のコンピュータで2Dアニメーションを作れるように一般向けに適応させたいと考えていた。同ソフトは当時ジェームス・キャメロン監督のSF映画『アビス』や『ターミネーター2』製作で使用されていた。しかしピクサーの開発チームはこのソフトをアマチュアでも使えるくらい直感的につくりなおすことに苦戦する。結局、同ソフトには一般消費者からの需要があまり見込めないという理由で企画は打ち切られた。ピクサーはハードウェア部門に続き一般向けソフトウェア部門も閉鎖が決まる。こうしてピクサーは業界向けソフトウェアおよびクリエイティブアニメーション部門のみに専念することになる。

　収益を上げるためピクサーは、ライフセーバーズキャンディやリステリンなどのメーカー用CM制作を始めていた。しかし、こうした微々たる広告手数料だけでは、難航する会社の経営を立て直すことは困難であった。

　当時、ジョブズは不安定な会社を2社同時に取り仕切っていたが、どちらかというとネクストの管理に傾倒していた。が、ピクサーの財政がさらに悪化を続けると、その運営に細かく指示を出すようになっていく。破産を避けるべく、ジョブズは役員や従業員らのストックオプションを削るという条件で自己資金の追加投入を決める。こうしてジョブズは出資総額5000万ドルをつぎ込み、会社全体を管理下においたのだった。

スティーブ・ジョブズ　グラフィック伝記

ピクサー年表

1979 ルーカスフィルムのコンピュータ部門グラフィックスグループが創設される。当初、主要事業はコンピュータハードウェア製造。

1982 同グループはルーカスフィルムのインダストリアル・ライト＆マジック特殊効果部門とともに映画作品のシーン製作を開始。

1986 ジョブズがジョージ・ルーカスに500万ドルを支払い（訳注：ルーカスフィルム・コンピュータ部門の）グラフィックスグループの技術使用権を獲得。さらに追加500万ドルを出資。ピクサーは独立法人となる。

ピクサーは画期的なコンピュータアニメ短編映画『ルクソーJr.』を公開。クリエイター・監督はジョン・ラセター。

1988 ピクサーの『ティン・トイ』がコンピュータアニメ映画として初のアカデミー賞受賞（短編アニメ部門）。

1989 ピクサーがレンダーマンを発売。CGアニメのレンダリング用ソフトウェアとして業界標準となる。

1991 ピクサーはディズニーとコンピュータアニメ映画3本を制作する契約に合意。1本目は『トイ・ストーリー』。

1994 ジョブズはピクサー売却も検討。売却候補先にはマイクロソフトも含まれた。

1995 『トイ・ストーリー』公開。大絶賛を受け商業的成功を収めた初の長編アニメ映画となる。ピクサーは株式を初公開（1株あたり22ドル）。

1997 ピクサーはディズニーと新契約を締結。10年間にわたり追加5本の作品を製作する内容で合意。

2000 ピクサーがカリフォルニア州エメリービルに新本社スタジオを建設。

2004 ジョブズとディズニーCEOのマイケル・アイズナーの新たなパートナーシップをめぐる交渉は不成立に終わる。

2006 ディズニーの新CEOボブ・アイガーは全額株式交換によるピクサー買収に合意。これによってジョブズはウォルト・ディズニー・カンパニー7%株式を所有し筆頭個人株主となった。

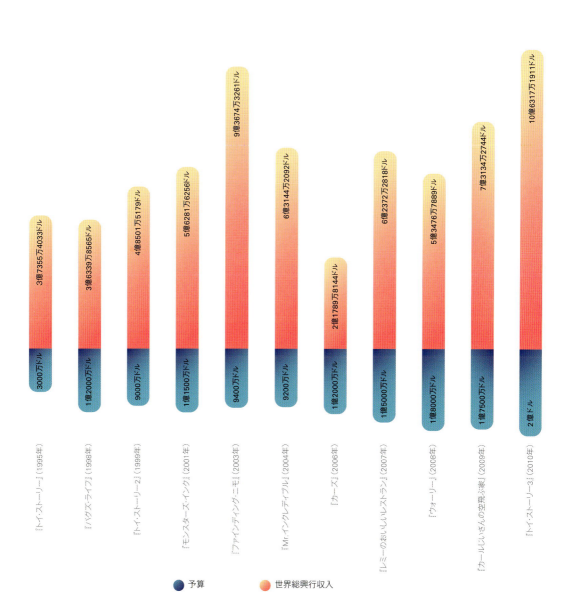

従業員3分の1が解雇され、深刻なキャッシュ流出が続くなか、ジョブズはピクサーに残された事業の売却も検討していた。ところがそんな最中に頼みの綱が現れる。
　ラセターの『ルクソーJr.』に後続した『ティン・トイ』に魅せられ、彼の古巣であるディズニーがピクサーに長編映画の製作を打診してきたのだ。『ティン・トイ』は前作よりさらにレベルの高い5分間作品で、1998年に短編アニメ部門でアカデミー賞を受賞する。
　ジョブズはアナハイムへ飛ぶ。そしてスミスとキャットムルとともに、ディズニー・スタジオのトップであるジェフリー・カッツェンバーグとの交渉に立ち会った。子供たちに遊んでもらいたがっているオモチャたち。このテーマでラセターが構想している作品について最終的な交渉をまとめるためだった。
　カッツェンバーグもジョブズと同様に、我が強い性格である。数カ月前に別件で電話交渉をした際、2人は激しい言い争いをしていた。ジョブズはネクストコンピュータの研究所をディズニーに売却しようとしていたのだ。ジョブズの攻撃的な態度によって、ピクサーの最後のチャンスが潰れるのではないか。スミスとキャットムルは気をもんでいた。
　ジョブズはカッツェンバーグの要求を部分的に押しのけながら（ピクサーの3Dアニメ制作技術すべての権利譲渡は拒否）悪くない契約をこぎつけた。ピクサーは映画とキャラクター所有権およびビデオ収入を放棄する。そしてディズニーは映画製作に必要な資金提供をし、オプションとしてピクサーに追加2本の作品を作らせる製作権を持つ。またピクサーには興行収入の12.5％が支払われることとなり、これで九死に一生を得たのだ。
　『トイ・ストーリー』の製作は、重苦しく、ときに緊迫した雰囲気のなかで進められた。ホワイトボードの使用をめぐってジョブズと喧嘩になったアルビー・レイ・スミスはピクサーを辞めてしまう。ホワイトボードはジョブズ専用のもの。この暗黙のルールがあるにもかかわらず、スミスはジョブズに「袋叩きのようにイジメられた」際、ボードに書き込みを始めたのだ。2人は「闘牛並みに熾烈」な言い争いを繰り広げたという。
　一方、ディズニーの役員らはラセター作品用の30秒の予告編を見て完全に感服する。主人公であるカウボーイのウッディが、新品のスペースレンジャーのおもちゃを相手に対立してドタバタを繰り広げるというあらすじにゴーサインが出た。予告編を見て気に入ったトム・ハンクスとティム・アレンは相場より破格の出演料で声優を引き受ける。
　ところが1993年11月19日、製作は暗礁に乗り上げてしまう。ピクサー社内でブラックフライデーとして語り継がれるようになったこの日、ドラフト版を視聴したディズニーの役員らが大騒ぎとなる。わがままで嫌みっぽくて意地悪――主人公ウッディはまったく好感のもてないキャラクターとなっていたのだ。ラセターに脚本の書き直しを命じ、カッツェンバーグは製作を一時中断する。すべての先行きが不透明となってしまった。

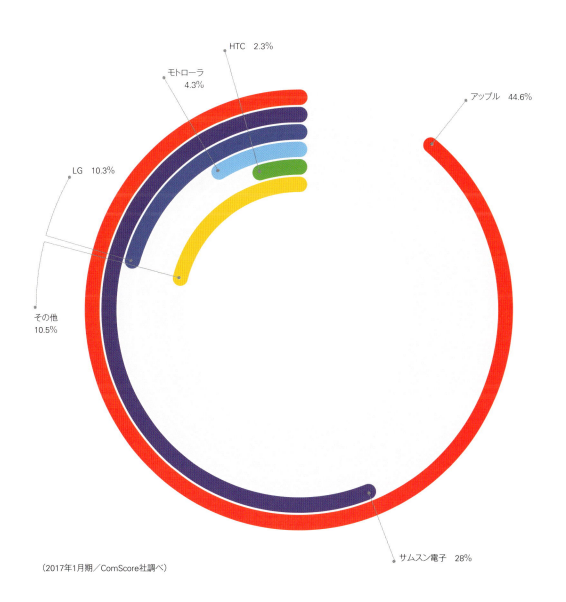

ジョブズ資産の内訳

ディズニー株7％
推定資産価値は74億ドル。
2006年ピクサー売却により
ディズニーの1億3800万株を譲渡され
同社最大の株主となった。

アップル株0.5％
推定資産価値は21億ドル（550万株）。

高級ヨット「ヴィーナス」
1億3000万ドル
フィリップ・スタルク（訳注：フランス人の世界的著名
デザイナーでモダンデザインの巨匠）との
共同設計による
全長約79メートルのクルーザー。
ジョブズ没後まもなく完成。
推定資産価値は1億3000万ドル。
（監注：資産ではない可能性あり）

「ガルフストリームV」
ジェット機
4000万ドル
アップルCEO就任時に取締役会より
贈呈されたプライベートジェット。
推定資産価値は4000万ドル。

パロアルトの自宅
800万ドル
推定資産価値は800万ドル。

ジャックリング邸
200万ドル
1984年購入の物件。
地元の反対運動により
建て替え工事が遅延、
完成は没後となった。
1984年頃の資産価値は200万ドル。

ジョブズにとってこの打撃はとりわけ手厳しいタイミングでやってきた。かつてハイテク界のゴールデンボーイとして崇められた自身が、その経営者としての手腕をメディアがあからさまに疑問視していたのだ。1993年中盤、『ウォール・ストリート・ジャーナル』は痛烈にジョブズを批評する。「ネクストのワークステーションはハイテク博物館に飾られて遺物として終わるだろう。ジョブズは未だにコンピュータ業界での存在感を維持しようと必死になっている」。同記事には定評のある業界アナリストのリチャード・シェーファーのさらに辛口コメントが含まれていた。「誰もジョブズの存在を気に留めなくなっている……悲しいことだ」。

　実はこのころ、ジョブズの養父が70歳で他界したばかりで事態をより複雑にしていた。ポール・ジョブズは息子のことを大変誇りに思い、それまでの成功を温かく見守ってきた。最期までジョブズの新製品発表や基調講演に出向いては応援してくれていた。

　ラセター率いるチームが『トイ・ストーリー』を何とかいい状態に仕上げようと奮闘するなかで、ジョブズは密かにマイクロソフト共同創業者のポール・アレンやオラクルCEOのラリー・エリソンにかけ合ってピクサー売却の話を打診する。しかし、会社売却の可能性は浮上したが、徐々に『トイ・ストーリー』への自信が復活していくことになる。ラセターは脚本を修正してストーリーでバズ・ライトイヤーが登場するまでにシーンを追加した。こうしてウッディは親しみやすいオモチャたちのリーダーとして描かれる。改訂版を気に入ったディズニーは製作の再開を承諾。こうしてカッツェンバーグは、毎年選りすぐりの作品が封切られる、感謝祭の週末に合わせて公開日を決定したのだ。

　ディズニー側からの太鼓判に勇気づけられ、新作の噂が拡散し始めるなか、ジョブズはもう一踏ん張りしようと決意する。そして『トイ・ストーリー』の封切り直後に思い切ってピクサー株式の一般公開を決める。最高財務責任者（CFO）を採用し、この案をウォールストリートへ持っていかせて感触を探らせた。ピクサーのわずかな収入と損失が続く財政状況を考えればIPOは大胆すぎる決断だった。しかし結果は見事に大当たりであった。ピクサーと『トイ・ストーリー』の成功による感動の真っ只中というタイミングで、ジョブズは再び父親になる。ローリーンは女児を出産し、赤ん坊はエリン・シエナと名付けられた。

　『トイ・ストーリー』は初公開の週末にセンセーションを巻き起こす。全米興行収入は3910万ドルに達し、これだけですでに製作費を上回っていた。世界興行収入は3億7300万ドルを記録。『アラジン』『ライオンキング』に続き当時歴代第3位の大ヒットとなった。

アップルのメディア制覇

アップルを大手メディア配信サービスの大手にする
——ジョブズの描いたこのビジョンは、
iTunesによって2010年までに実現される。
今やアップルは出版、テレビ、映画、音楽市場の主役となったのだ。

進化をもたらすもの

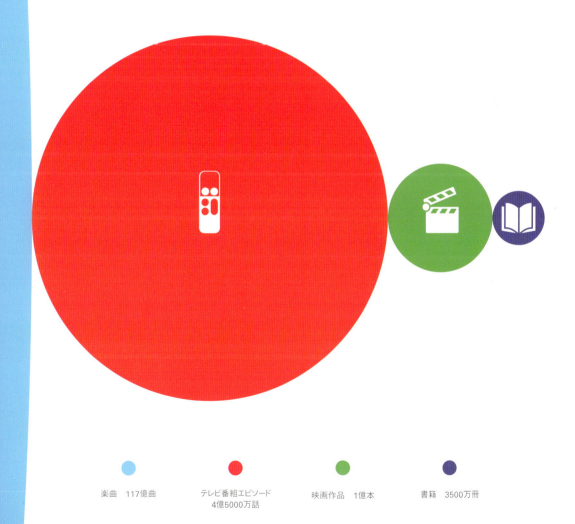

公開からわずか10日後に、ピクサーは690万株を公開した。ナスダック銘柄でPIXRと表示された株は公募価格22ドルで取引を開始。IPO当日に最高値は49.50ドルまで急騰し最終的に39ドルで落ち着く。ピクサー株80％を所有していたジョブズはこれにより大富豪(ビリオネア)となった。株式公開後、ジョブズはすでにビリオネア組の友人ラリー・エリソンに電話をかけると、一言だけ伝える。「ラリー、ついにやったよ」。

　ジョブズは、かねてからディズニーとの契約内容に不満を覚えていた。『トイ・ストーリー』の成功で、もうピクサーはディズニーからの資金投資に依存する必要はなくなった。この新展開を切り札に、ジョブズはディズニーCEOのマイケル・アイズナーを訪ねる。そして『トイ・ストーリー』後続のピクサー映画に関しては、利益を折半して共同でブランド展開をするという大胆な要求を突きつけた。当時ディズニーは、元エグゼクティブのジェフリー・カッツェンバーグが音楽界の大物デヴィッド・ゲフィン、ハリウッドのスピルバーグ監督とともに立ち上げた競合スタジオ、ドリームワークスの誕生によって、焦燥感に襲われていた。ジョブズがピクサーを連れてドリームワークスに鞍替えする可能性を恐れ、最終的にアイズナーは新契約に同意する。キャラクター使用権はディズニーが維持したが、ジョブズの希望通り新作5本の製作が決定した。

　ピクサーでの経験によって、ジョブズはビジネスマンとして成長を見せる。もう何でも細かく仕切りたがるマイクロマネジャーではなくなっていた。巧みな交渉術でピクサーのために戦う一方、クリエイティブさを優先する見守り役として、才能あるスタッフらが能力を最大限に引き出せるよう仕事を任せることができた。

　このころのアップルといえば、ジョブズのような交渉能力を持つ人材が明らかに欠けていた。創業者の追放後、同社の業績は悪化をたどる一方であった。

　ジョブズ退任後、スカリーの指揮のもとしばらくはSystem 7OSの導入によってアップルに一応の成功はもたらされた。同OSによってマックに初めてカラー表示が実現する。また、ラップトップ型コンピュータの初期の試みとして、1989年には大きくて重いがパワフルなマッキントッシュポータブルが発売される。これに続いてアップルはパワーブックを誕生させ、台頭するラップトップ市場にいち早く参入し始めた。軽量で安価なパワーブックはキーボード手前にトラックボールを配置し、新分野を開拓するマシンであった。

　しかしこうした成功を収める一方で、アップルは失速していく。時代に先駆していたが欠陥の多い携帯情報端末（PDA）ニュートン・メッセージパッドは大失敗となった。手書き文字認識機能のあまりにも酷い自動修正処理は、ハイテク業界の笑い種となってしまう。アニメ番組『ザ・シンプソンズ』のエピソードにも笑いのネタとして使われたほどだ。当時に学んだ教訓からアップルでは、数年後のiPhone開発時に、同じ過ちを犯さぬよう、

キーボード製作チームは十分な開発時間が与えられたのだった。

　しかしスカリーの最大の誤算は、新種のプロセッサであるパワーPCをデスクトップ用に採用するという賭けに出たことだろう。既存のアップルのデザインを新種のスタンダードに移行するのはコストが高すぎた。こうしてマック価格は高額のままでいる一方、PCの好調な販売と合わせて競合商品であるインテルのx86系プロセッサが安価となっていった。パワーPC移行による失敗で利益目標を達成できず、スカリーは取締役会から解雇される。

　スカリー失脚後、1980年よりアップルに在籍していたにベテラン社員マイケル・スピンドラーが社長を引き継ぐ。アップルの貧弱な市場シェアを拡大させようと、スピンドラーは会社の伝統を打ち破ってマックのオペレーティングシステムを他社メーカーにライセンス化した。これによってアップルと互換性のあるマシンの製造が可能になった。スピンドラーは、モトローラ、パワーコンピューティング、ユーマックスを含むライセンス販売先メーカーが低価格型マシン生産に踏み切るだろうと狙っていたのだ。しかし、これは大きく裏目に出てしまう。ライセンス購入したメーカーは、高性能型マシンのユーザーを狙って生産に乗り出した。つまりアップルの正規商品より速くて安いマシンが提供される環境が作られてしまったのだ。いわゆる「クローン」コンピュータである。クローンの普及はアップルの高品質な製品市場から売り上げを奪っていった。スピンドラーはわずか3年間指揮を務めたのち、買収先候補であったサン・マイクロシステムズ、フィリップス、IBMとの交渉に敗れたことを受けて取締役会から追放される。

　スピンドラーに続いて、1996年に社長に就任したのは役員の1人ギル・アメリオである。当時、アップルが赤字経営に苦しむなか、マイクロソフトのウィンドウズ95が市場を独占していた。ナショナル・セミコンダクター元CEOのアメリオは、アップルを崩壊直前の状態から回避させ、大胆なコスト削減を実施。社員の3分の1をリストラした。

　アメリオは、コードネーム「コープランド」と称される次世代デスクトップ用オペレーティングシステムの企画を、開発の難航を理由に取りやめると決定する。これを受けて当時、開発部門の再調整を任されていたCTOエレン・ハンコックは、自社開発の代わりにオペレーティングシステムのサプライヤー候補を探すことになった。

　当初、アメリオはビーのBeOS購入に向けた交渉を開始していた。ジョブズ追放に一役買ったあのジャン＝ルイ・ガセーが率いる会社である。しかし買収交渉は暗礁に乗り上げる。アップルが2億ドルを上限とする売却額を提示したのに対し、ガセーは2億7500万ドルというあまりにも強気の価格を押し付けてきた。ビー以外にできる会社はないはずだ。ガセーはそう高をくくっていた。しかしこのゲームにはもう1人のプレイヤーが待ち構えていたのだ——アップルと深い絆を持つあの男が。

第15章

初心に戻るという身軽さ

ジョブズは「古巣に戻ること(homecoming)」を あきらめないタイプであった。

　実際、アップル復活に向けた下準備を1年以上前から地道に始めていたのだった。
　復活してアップルの業績を回復させる方法はわかっている——こうジョブズは公言し続けていた。『フォーチュン』(1995年9月)のインタビューで述べている。「アップルを救う手立てはわかっています。詳しくは言えませんが、完璧なプロダクトと戦略があるんです。でもあの会社で僕のいうことに耳を貸す人はいないでしょう」。
　ガセーによるオペレーティングシステムBeOS提供の交渉は破談。その後、アップルで新しくCTOの座についていたエレン・ハンコックにとって、他のサプライヤーの選択肢はほとんど存在しない状況だった。その最中、ネクストの営業担当から電話が入る。ネクストのプラットフォームを検討してみないかという提案であった。こうしてハンコックはNeXTSTEPの可能性を真剣に検討し始める。確かにネクストのソフトウェアはすでに完成された製品であり、同社はハードウェア生産を中止していたため、もう独占販売型のオペレーティングシステムではない。しかも、PowerPCを含む他社メーカーのプラットフォームとの互換性が高かった。またNeXTSTEPはオブジェクト指向プログラミング環境という重要な機能が備わっていたため、ソフトウェア開発者が他のプログラムでコードを断片的に再利用して、効率的にソフトを作成することができるのだった。
　好機をつかんだジョブズは1996年12月2日、追放から10年以上のときを経てアップルのクパチーノオフィスを再び訪れる。当時のCEOギル・アメリオとハンコックの前でNeXTSTEPのデモを行った。数回のセッションを通して、ジョブズは魅力全開で究極の営業テクニックを駆使しながら、インターネット時代を目前にしてネクストこそアップルにとって融通のきくソフトウェアであり、会社全体を復興させるカギであると力説したのだ。ジョブズのビジョンにアメリオは完全に心を奪われる。
　ジョブズ訪問から7日後。ネクスト側はアップルのエンジニアたちとのワークショップを開始した。MacOSからNeXTSTEPへの移行の流れやMac OSの互換性維持について話し合った。ジョブズはかねてからネクストを売却したいと考え、アップルとの交渉では買収額4万2900万ドルで友好的買収が成立する。崩れかけているネクストに対して、当時この買収額は高すぎると評されていた。しかしアップルにとって、ネクスト獲得はソフトウェア以上の財産をもたらした。アドバイザーという立場であるが、ジョブズが復活するのだ。

アップルへの復帰。そして会社の収益を回復させるという使命。
ジョニー・アイブの台頭と革命的コンピュータiMacの発表。

初心に戻るという身軽さ

アメリオとハンコックは、アップルに欠落していた競争力と安定性をもたらしたが、創業者の復活は、会社が切望するカリスマ性をもたらし、広報面でも貴重な戦力になるという期待が募った。交渉の条件として、ジョブズに1億3000万ドルの現金と150万株（当時2250万ドルに相当）が支払われた。

　このニュースを聞いた業界専門家らは、シンボル的創業者を復活させて足がかりを与えることで、アメリオは事実上デスノートに署名したようなものだと当惑を示した。結局、のちにその予測通りの展開となったわけだが。

　不吉な前兆は1997年1月7日に開催されたマックワールドで、アメリオが基調講演の際にジョブズ復活を公にした際すでに現れていた。アメリオにとって成功を発表する場であったのだが、メチャクチャな展開となってしまう。アメリオは原稿を使わずに即興式で講演を行い、1時間の予定が結果的に延々と3時間も続いた。アップルの前四半期における1億2000万ドルの損失や一貫性に欠ける今後の計画について話し続けたのだった。

　退屈な発表が2時間あまり続いたところで、やっとブレイクのチャンスが訪れる。ここでジョブズが登場する。追放から復活した創業者の姿に、会場のユーザーや開発者ら2000人以上の観衆は熱狂して大きな歓声をあげた。下準備されたジョブズの講演は、わかりやすく聴衆を引きつける。

　アップルの成功には、ソフトウェア開発者たちの興味を引きつけることが重要である。そう理解していたジョブズは、講演中に25回も「開発者」という言葉を出しながら彼らに直接訴えかけるように話すのだった。おまけにジョブズは与えられた13分枠を使ってアップルの新たなビジョンを明らかに描いた。「我々は役に立つ、魅力的なものを、アップルにしか作れないものを消費者に届けたいのです」。アップルの存続をかけて苦戦している当時、そんなジョブズの言葉は鬨の声のように響いた。

　アメリオは不器用ながら20周年記念の新型マッキントッシュを紹介して基調講演を終える。これはオールインワン型の優れたコンピュータであり、同社の新進気鋭のイギリス人工業デザイナー、ジョニー・アイブ率いるチームが手がけた大々的なプロジェクトである。グランドフィナーレはアメリオがアップルのもう1人の創業者スティーブ・ウォズニアックを壇上に招き、同社アドバイザーとして復活することを観衆に報告したことだった。講演のあとジョブズは、自分はあくまでアップルでパートタイムのコンサルタントとして働くのだと窮屈そうにコメントしていた。自らの新しい役割として、「ギルにできる限りのアドバイスをします。僕の助けを必要としない、アップルが僕の意見を聞こうとしないという段階になるまでは」。

アップルの抱える山積みの課題に対して危機意識のないアメリオに苛立ち、ジョブズはネクスト売却によって獲得した150万株を売り払ってしまう。「アップルの取締役会はもう何もするつもりはないんだろう。株も上がるはずはないと思いました」。のちにジョブズは振り返った。

　1997年7月初頭、ジョブズは現状に不満を募らせていたアップル取締役会を説得し、アメリオを追い出してトップに返り咲こうと試みる。そして計画通りに事が進み、アメリオは役員らの圧力を受けて辞任に追い込まれた。当時を回想してウォズニアックが語っている。「スティーブ・ジョブズ対ギル・アメリオになって、ゲームオーバーだよ」。

　アメリオが会議室に幹部社員らを集めて退任を告げた直後にジョブズが登場した。半ズボンにスニーカーという格好で社員らを前に質問を投げかけた。「この会社のどこが問題なんだろう？」

　数人からボソボソと呟きが上がったところでジョブズは声を上げる。「うちの製品だよ！ じゃあ製品の何がいけないんだ？」。社員数人がまた小声で返答する。そこでジョブズは叫んだ。「製品がダメなんだよ！ セクシー感が完全になくなっている！」。確かにアップルの製品は、社員の感動を呼び起こしたり、消費者が欲しいと思うものではなかった。

　アメリオが社長就任後に採用したCFOフレッド・アンダーソンは、ジョブズが新しいCEO探しのための委員会を取りまとめる間、日々の業務を担当していた。そして結局、候補者数名にインタビューを行ったのち、オラクル創設者のラリー・エリソンも押しのけてジョブズが暫定CEO（Interim CEO）の座につくことになる（のちにiCEOと呼ばれ、その後のアップル製品の呼称と重なることになる）。有名な年俸額1ドルという条件で、42歳のジョブズはアップルのトップの座に返り咲いたのだった。こうしてビジネス史上、間違いなく最も華麗な復活劇の第3幕が上がろうとしていた。

　ジョブズはさっそく会社の再編成を始める。アメリオが着手した経費削減改革を引き継ぐ形で突き進み、アップルが手がける全事業を精査した。アップルが方向性もないまま余りにも多数の製品を取り扱っている現状を問題視し、各事業のプロジェクトリーダーを個別に呼び出しては、それぞれ開発を続ける正当性を説明させた。このプロセスを終えた結果、ジョブズは当時進行中の研究開発プロジェクトを350件から15件まで削減したのだった。

スティーブ・ジョブズ　グラフィック伝記

The iMac G3

初心に戻るという身軽さ

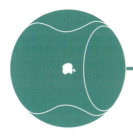

初公開
1998年5月6日、カリフォルニア州クパチーノのフリントセンターで発表。1984年にジョブズが初代マッキントッシュを公開した会場である。

フロッピーディスクなし
インターネットとUSBストレージの時代に移行するなかフロッピーは不要。この主張のもとiMacは3.5インチフロッピーディスクドライブの搭載はなしとなる。当時のPCでは標準機能であったためiMacは失敗するというハイテク批評家もいた。しかし予測は的外れとなる。

PowerPC 750 G3 プロセッサ
233メガヘルツで作動。のちに266メガヘルツ、333メガヘルツへ引き上げられる。

メモリ
32Mバイト。PC100規格SDRAM採用、最大512Mバイトまで拡張可能。

ディスプレイ
15インチ、シャドウマスクCRT内蔵、最大1024×768ピクセル表示。

収容ケース
ユニークな半透明ボンダイブルー色のケースを使用。ジョニー・アイブ率いるチームによりコンピュータの内部構造が透けて見える新しいデザインに。

スピーカー
ハーマン・カードンのSRSサラウンドサウンド対応スピーカー2台搭載。

ヘッドフォンジャック2個
教育市場を意識して搭載。教師や生徒がマルチメディア音声を同時視聴する場面を考慮した。

赤外線ポート
赤外線通信用のプロトコルIrDAを使用。最大4Mbpsまでのデータ転送が可能。

USB接続
USBポート2つ。

内蔵モデム
iMacの発表後、アップルは当初予定していた33.6Kbpsに代わって、より高速の新しいモデムを求める消費者の声を受けて56Kbpsモデムに調整した。

マウス
iMacは大ヒットしたが、円形の「ホッケーパック」と呼ばれる付属USBマウスは消費者やハイテク専門家、とりわけ手の大きいユーザーから使いにくいと不評を買う。

CD-ROMドライブ
トレイ式ドライブ。のちのiMacにはスロット式のDVD-ROMドライブが採用される。

価格
1299ドル。

クレージーな人たちがいる。

反逆者、厄介者と呼ばれる人たち。

四角い穴に、丸い杭を打ち込むように物事をまるで違う目で見る人たち。

彼らは規則を嫌う。

彼らは現状を肯定しない。

彼らの言葉に心をうたれる人がいる。反対する人も、賞賛する人も、けなす人もいる。

しかし、彼らを無視することは誰にも出来ない。

なぜなら彼らは物事を変えたからだ。

彼らは人間を前進させた。

彼らはクレージーと言われるが、私たちは彼らを天才だと思う。

自分が世界を変えられると本気で信じる人たちこそが本当に世界を変えているのだから。

（Think Different CMのモノローグより）

アメリア・イアハート

パブロ・ピカソ

マハトマ・ガンジー

マイルス・デイヴィス

アルバート・アインシュタイン

ジョン・レノン&ヨーコ・オノ

ジェームズ・ワトソン

シーザー・チャベス

ジェーン・グドール

社内整理を進めるなかで、ジョブズはアップルの事業戦略として、すっきりわかりやすい戦略を提案した。既存の数十種から優れたもの4種類だけに絞り込むという基本を重視したアプローチだ。ジョブズのこの計画は、正方形を十字に区切った4マスの形で単純に説明。マス目の上辺をそれぞれ「消費者用」「プロ用」、左辺を「デスクトップ」「ポータブル」とする。そしてこの4マスに当てはまらない製品は即廃止、開発打ち切りということだった。

　また、ジョブズ就任後の査定段階で、過去10年にわたり10億ドル以上の資金がアップルの携帯情報端末ニュートンに使われていることが明らかになる。もしあの失敗作を生産開始から1年で打ち切りにしていたら、アップルはキャッシュを維持して経営はもっと健全な状態で、90年代は黒字を保てていただろう。

　徹底的な選抜の目は利幅の少ない多数の付属機器にも向けられる。これにはアップルのプリンターやデジタルカメラなどが含まれた。また、オペレーティングシステムの他社メーカーへのライセンス化を中止し、アップルの販売市場を食い物にしてきたマッククローンの廃止にも乗り出す。他にも、ビデオゲーム市場を狙う足がかりとして打ち出されたものの、失敗し短命に終わったゲーム機ピピンも葬られた。

　ジョブズのiCEO就任から1年間でアップルの従業員3000人以上が容赦無く解雇された。しかしこの痛みを伴う改革によって、アップルはやっと競合相手の明らかに上をいく製品づくりに集中する体制を築くことができる。アップルにはネクストの主要な開発者たちを含む優れた人材が移行され、新たな時代の幕開けとなった。また同時に、ジョブズ復活1年目に国際オペレーション担当としてコンパックから加わったシニアバイスプレジデントのティム・クックの採用は、極めて重要な決断となる。クックはジョブズの右腕として日々の業務経営を補佐した。アラバマ出身の長身なクックは情熱的だが規律正しく、真面目なタイプである。クックはアップルの過剰在庫を制限し、サプライチェーンの効率と稼働率を上げるよう指示を受ける。そして間もなくアップルでも指折りの辣腕エグゼクティブとして知られるようになっていったのだ。そしてもう1人。ジョブズはある人物へ決定的に重要な電話をかける。長年続いたマイクロソフトとの敵対関係に終止符を打ち、パートナーとして提携を結ぼうとしたのだった。

アップストアの人気爆発

2010年までにアップストアはアップルの重要な収入源となっていた。

2008年7月
500本のアプリを揃えたアップルストアがオープン。

2009年7月
取り扱いアプリ数は5万本。

2011年7月
取り扱いアプリ数は
42万5000本。

1997年8月にボストンで開催されたマックワールドにて、ジョブズは積年のライバルであるマイクロソフトから議決権なしの株式1億5000万ドル分の出資を受け入れると報告した。提携の条件には、マイクロソフトによるマック用オフィスの開発の継続が含まれる。それまでは先行きの読めない状態であった。また、アップルはマイクロソフトのインターネットエクスプローラをマック初期設定上のデフォルトブラウザーにすることに同意する。

　両社の提携を公表したのち、ジョブズはゲイツをライブ中継で繋いで壇上のスクリーンに登場させた。予期せぬ展開であったが、マイクロソフトのトップが大画面に現れた光景は、まるでアップルが1984年に手がけたビッグブラザーの広告（訳注：IBMを独裁者ビッグブラザーに見立てた伝説的コマーシャル）を彷彿させるのだった。ゲイツの登場に会場のアップルファンたちからはブーイングや野次が飛ぶ。ジョブズは聴衆をなだめるようにこれはアップルの生存をかけた実用的な選択であると強調した。「アップルが勝つにはマイクロソフトが負けなければならないという図式はもう終わりだ。アップルが勝つためには本当に優れたものを作る必要があるんだ。力を貸してくれる人がいるのは素晴らしいことさ。だって今の我々にはどんな支援もありがたい状況だから。これでもし失敗していいものができなかったら、そのときは他の誰でもない、我々の失敗ということなんだ」。

　ちょうどこのころ、アップルは自社のビデオソフトウェアQuickTime使用をめぐりマイクロソフト相手に争っていた特許侵害訴訟を取り下げる。マイクロソフトによるMac OSのルック＆フィール盗用を争点とした法廷闘争に続き、QuickTimeに関しても両者の対立は悪化が続いていた。長期にわたったこの訴訟ケースに関しては、結局アップルの訴えが法廷で却下されていた。

　ジョブズはマーケティング活動においても積極的に指揮をとった。ジョン・スカリーが使っていた広告代理店BBDOを解雇し、シャイアット＼デイを呼び戻したのだった。1984年のあの伝説的なスーパーボウル用CMを手がけた代理店である。ジョブズは同社が手がけたナイキの広告に感銘を受けていた。「靴」という言葉を一度も使わずにスポーツやアスリートの存在を称える構成だった。ジョブズはアップルの広告を完全に外部に委託するのを拒否する。そして創造性とそれを操る人間のパワー——アップルの中核といえる価値観——を再認識させるキャンペーンを求めて自ら概要を提示した。

　当時、リー・クロウはシャイアット＼デイのクリエイティブディレクターだった。クロウはまずジョブズの構想を踏まえて新しいスローガンとコンセプトを提案する。有名なタグライン「シンク・ディファレント」を掲げ——ちなみにこれは遠回しにIBM定番の「THINK」にひねりを加えたものだ——マックを使う芸術家やクリエイティブ系プロフェッショナルたちの写真で構成するという案であった。ジョブズはその基本コンセプト

を大いに気に入る。しかし、そこでドリームワークスの映画製作者たちの映像を使う代わりに、有名人やシンカーたちを取り上げるというアイデアを思いついたのだ。

　創造性を称えるというジョブズのゴール。これを実現したコンセプトに夢中になり、ジョブズはクロウのチームに大々的な広告キャンペーンの依頼を決めた。締め切りまでの期間はたったの17日間。本キャンペーンには、テレビCMに加えて国際規模でのプリント媒体使用と、ロサンゼルスやニューヨークなど主要市場へのビルボード設置も含まれた。

　最終版のテレビCMには20世紀の象徴的な人物が10名以上登場する。このなかには芸術家パブロ・ピカソ、飛行士アメリア・イアハート、発明家トーマス・エジソン、歌手ボブ・ディラン、ジョン・レノン、そしてマーチン・ルーサー・キング・ジュニア牧師が含まれた。動画はモノローグ形式。ナレーターは『ジョーズ』出演俳優でアップル信者を自認するリチャード・ドレフュスが担当した。この広告はアップル社内に向けて発信された新たなメッセージであると同時に、ジョブズ自身の重要な特徴を的確に要約していた。

　1997年9月29日、シンク・ディファレントのCMは初公開され、たちまち大反響を呼ぶ。並行して展開されたプリント版広告もテレビに劣らず大人気を博す。史上最も大きな成功を収める広告キャンペーンとして5年間も継続したのだった。また、テレビCMとして初のエミー賞を含む数々のタイトルを受賞する。この成功はアップルにとって大きな転換期を示したのだ。

　実はジョブズ自らがナレーションを務めた「クレイジーな人たちに乾杯（Here's to the crazy ones）」の広告バージョンもあった。しかしこちらは放送されなかった。自分の声を聞いた人たちに偉そうな印象を与えたくないという理由でジョブズがストップをかけていたという。同バージョンはジョブズ没後数年たって、インターネット上で視聴できるようになった。

　「シンク・ディファレント」はアップルの反逆者精神を世間に向けて表明したのだ。また同時に、キャンペーン第1弾ではアップルの製品がまったく抜けている点が顕著である。この理由の1つとして、登場する芸術家たちの映像が利用されているような印象を与えないようにとクロウのチームが配慮した点がある。しかし実は別の事情もある。つまり単に当時のアップルには披露できる新製品が存在しなかったということだ。

　アップル復活劇というパズルの次なる1ピース。それはジョブズの大胆な研究開発費削減をかわした画期的な研究プロジェクトによって示される。当初、Mac NC（ネットワークコンピュータ）と呼ばれた同プロジェクトを手がけていたデザインチームは、のちにジョニー・アイブが率いることになるのだった。

第 16 章

想いは伝わる

> ジョブズがアップルに返り咲く前に、
> ジョニー・アイブは退職を考えていた。
> しかし、復活したリーダーの社内プレゼンテーションを見て、
> 考え直していたのだ。

　当時アイブはまだ30歳、アップルに勤めて2、3年が経っていた。ニュートンメッセージパッドやアップル20周年記念マックのプロジェクトで経験を重ねる。ジョブズが返り咲く前に、ジョニー・アイブは退職を考えていた。しかし復活したリーダーの社内プレゼンテーションを見て、考え直していたのだ。ジョブズの方は、アイブに出会うまではアップルのデザイン監督として外部から一流デザイナーを起用しようと探していた。しかし2人のデザイン哲学の真髄がうまく噛み合った結果、チームとして意気投合することになる。
　アイブはiMacプロジェクトを任される。この新しいコンピュータには彼の創造性から生まれる純粋な表現力が具体化され、それは後続のデザインにも継承されていく。iMacを皮切りに、ジョブズにとってアイブは、公私両面で深い親交を持つ存在となった。のちにジョブズはアイブのことを「精神的なパートナー」と呼んでいたほどだ。
　徹底して秘密環境で作業する。このジョブズの体制はアップルの職場文化としてまるでカルトのような特徴となっていく。アイブ率いる少数チームはセットアップが簡単な価格1500ドル以下の家庭向けデスクトップを開発するように指令を受ける。まるで初代マックが誕生したときへ立ち返るかのように、ジョブズは当時の市場にはないまったく異なるタイプの完成されたコンピュータを求めた。「シンク・ディファレント」のスローガンを完璧に体現するようなマシンを。そして、これが最終的にiMacとなったのだ。
　アイブのチームによる最終デザインは、(訳注：キーボード、モニター、コンピュータが一体化した)オールインワン型のティアドロップ型で、半透明のボンダイブルー色のケースに収まるコンピュータだ。iMacは従来のデスクトップのイメージを覆すものだった。一般的なPCの外装にも影響を与えてきた、アップルを代表するベージュ色ケースからの分岐点となる。
　iMacの内部構造も画期的であった。ネクスト買収以来、アップルのハードウェアエンジニアリング部門シニアバイスプレジデントを務めてきたルビンシュタインとともに、ジョブズはiMacから3.5インチフロッピーディスクドライブを取り除くことを決める。当時のコンピュータにはフロッピードライブが搭載されているのが普通であった。このためフ

ロッピーを排除するなどとんでもない誤算だ、とあちこちでアップルへの懸念の声が上がる。しかしジョブズは天才アイスホッケー選手ウェイン・グレツキーの言葉を借りて正当化してみせた。「パックの行き先を予測して滑るんだ。パックが通ってきた道にとらわれてはいけない」。そしてiMac誕生から2、3年後には、他社メーカーも追従し、似たようなPCが出回るようになるのだった。CD、DVDドライブからVGAディスプレイポートまで、ジョブズ管轄のもとアップルは常に、誰よりも先に時代に合わなくなってきた技術仕様を切り捨てていく会社として評判を高めた。ときには業界がまだ準備できていなくても前へ進む。USB接続を一般普及させたのもiMacであり、本体後部にはUSBポートを2つも備えていた。内蔵ユニットのためセットアップは簡単で、箱から取り出す際に便利なハンドルまでついていた。iMacの名称を決める際、ジョブズは緊密な関係にある少人数のグループで話し合いを進めた。これはジョブズの好んだ手法である。キャリアを通し一貫してジョブズは、フォーカスグループを使った市場調査の利点に懐疑的な目を持ち、これを自認していた。会議であがる意見の数を減らしたがる傾向にあった。ジョブズ君臨時代、アップルでは市場調査や試験をほとんど行っていない。

　アップルの元クリエイティブディレクターのケン・シーゲルは、iMacに取り組むグループにジョブズがかけた言葉を覚えている。「超気に入ってる名前が1つあるんだけど、君たちがもっといいのを思いつけるかな。いま考えてるのは『マックマン』だ」。懐かしのアーケードゲーム「パックマン」とソニーのウォークマンに対照させながら頭を絞り、シーゲルはある名前をひらめく。「アイマック」だった。「『Mac』が入っていますし、iはインターネットをさしています」とシーゲルは説明する。「それから他にもiを頭文字にする言葉、indivisual、imaginativeなどを象徴しているのです」。

　締め切りが迫るなか開発が遅れ、発表会に向けた準備作業が脱線しそうになる事件が起きる。最終版マシンを見たジョブズは、トレイ式CD-ROMドライブが装着されていることに気づいた。ところがジョブズは、当時の高級車に搭載されているようなスロット式を個人的にリクエストしていたのだ。この期に及ぶデザイン変更という事態に憤慨し、生産を遅らせる恐れが生じてしまう。しかし、製造部門側が次期モデルにはもっとエレガントなドライブを搭載すると約束したことで、なんとか今回は妥協にこぎつけられたのだった。

　ジョブズ率いるチームは、プロジェクトに関してチーム外に口を堅く閉ざしたままの状態を貫く。1998年5月6日、会場フリントセンターでのプレス向け発表が行われた際、アップル社員はほとんど誰もiMacについて聞いたこともなかったのだ。

発表会は新製品公開であると同時に、ジョブズが回復軌道にある会社を激励するような話しぶりが印象的だった。観衆に向かって度々アップルが復活しつつある点が繰り返された。ジョブズはいつも通り、プレゼンテーションの準備を念入りに重ねていた。自らスライドショーの作成を手伝い、スピーチの言葉も一語一語を確認する。ついにiMacが公開され、観衆が息をのみ賞賛の声をあげるなかジョブズは断言した。「ほかの星からやって来たみたいでしょう。優れたデザイナーがいる、いい惑星から」。

　専門家たちが不満にあげたのはフロッピードライブの欠如と、SCSIなど過去の資産が使えないことだった。しかしアップルがメチャクチャすごくて新しいコンピュータを届けるという約束を果たしたのは間違いなかった。

　予約注文の殺到が続いた。北アメリカ、日本、ヨーロッパにおいてiMacは発売開始から6週間で史上最高の販売台数27万8000台、マックの中では最速の売上げスピードを記録する。

　1998年10月14日に行われたアップルの会計年度報告にて、ジョブズは四半期で10億5600万ドルの収入に対し1億600万ドルの利益を獲得したと伝える。これで会社は4四半期連続で黒字となり、1995年に当時のCEOスピンドラーが会社を倒産させかけたとき以来であった。

　ハイテク界のビジョナリー。ずば抜けた交渉術。もうジョブズの存在を疑問視する者は誰もいなかった。iMacの成功と潰れかけたアップルの再生を果たし、加えてピクサーも好成績を続けるという状況となったいま、過去にジョブズの適性を疑った人間は評価を改めなければならない。

　会社は順風満帆。一方、ジョブズにとってアップルとピクサー両社の管轄をすることに徐々に無理が生じていた。すでにアップルで細かく指揮をとる状態で、ピクサーとアップル間の約100キロの距離を頻繁に行き来する生活。膨大な仕事量がジョブズの私生活や健康に打撃を与え始めていたのだった。「大変だったよ、本当に。人生で一番辛かった時期だと思う」。ジョブズは伝記作家ウォルター・アイザックソンに述べていた。

　「小さな子供がいたし、ピクサー経営もあったし。朝7時には仕事に向かって夜9時に帰宅。子供達はもう寝てしまってて。あまりにも疲れていて話もできない、口を開けるのもやっとでした」

　慌ただしい生活に埋もれるなか、ジョブズの身体には腎臓結石が形成されて激痛が走るようになる。これらの症状は通常、動物性タンパク質の過剰摂取を起因とすることが多いが、ジョブズは菜食主義者であった。のちになって、これがまもなく残酷にもジョブズの命を奪うことになる病気の初期徴候であったのでないかと憶測された。

長者番付

スティーブ・ジョブズの財産
〜ハイテク業界の大物たちと比較

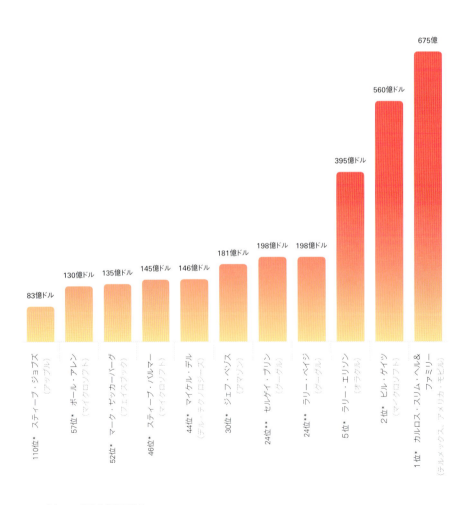

*2011年『フォーブス』世界長者番付
**同位ランクイン

想いは伝わる

ジョブズの資産価値

2007〜2011年『フォーブズ』世界長者番付

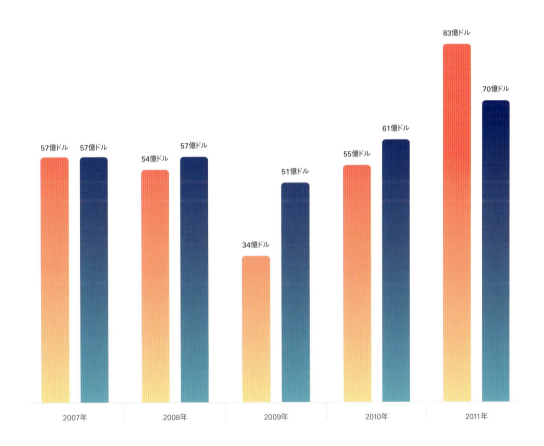

1998年5月、ローリンとの間にもう1人の娘が生まれる。名前はイブ。このころ、ジョブズはアップルのロゴを更新する契約を結んだばかりだった。虹色リンゴが今度は洒落た白黒調に入れ替わる。新ロゴは洗練されたデザインにこだわるアップルの姿勢を十分に反映していた。

　大々的な成功を収めたiMacに花を添えるように、1999年半ば、アップルは同様のコンセプトのもとマルチカラーで初心者向けのラップトップiBookを発表。本製品は当時まだ新しいWi-Fi機能を備えていた。これでユーザーたちはケーブルを使わずにインターネットへ接続ができるのだ。まるで魔法のような最新技術を『ニューズウィーク』記者スティーブン・レヴィにデモ紹介をした際、ジョブズは感動をこらえきれずに言った。「そもそもこの業界で働く醍醐味ってこういうことだよね？」

　一方、ピクサーは1998年度のベストセラーアニメ映画『バグズ・ライフ』に引き続き、1999年感謝祭シーズンに公開した『トイ・ストーリー2』が大ヒットしていた。世界興行収入は両作合わせたて8億ドルにのぼる。

　2000年のマックワールドで、ジョブズは自身の肩書きについた「暫定」を意味する「i」を正式に取り除くと報告する。これで正規のCEOとなった。それまで2年間、取締役会は何度も肩書きをCEOに調整するよう勧めていたし、年俸1ドル、自社株購入もなし、という条件で働くジョブズに当惑していた（ジョブズ復活以来、アップル株価は14ドルから102ドルへと奇跡的な上昇を遂げていた）。「アップルの仲間にお金が欲しくて戻ってきたと思われたくないんだ」。ジョブズはこう説明していた。会社の立て直しを図り、アップルが回復して未来へ向けて大躍進するタイミングがきて、ようやくジョブズは折れる。そして1000万ドル分の株式と自家用ジェット・ガルフストリームVを役員報酬として受け取った。

　ジョブズ復活後の初の失敗として挙げられるのはPower Mac G4 Cubeである。7月19日にニューヨークのマックワールドで発表された。iMacに続く実験として、ジョニー・アイブによる冒険的なデザインが特徴の地味な小型デスクトップコンピュータだが、外装が一般向けとしてはあまりにも過激であった。NeXTcubeの名残をやや感じさせるイメージで、本体構造を収めた20センチ四方の立方体の筐体が、美しい透明のポリカーボネート製ケースに浮かんでいるように見える設計だ。斬新な工業デザインは賞賛されたが（個性的なハーマン・カードン製の透明スピーカーと合わせてニューヨーク近代美術館のコレクションとして収められている）、アップルの主要顧客層であるクリエイティブ系ユーザーからの評価は低い（本体価格1799ドルに加えモニターの追加購入が必要だった）。またパワー不足でアップグレードが難しいという点もネックであった。2001年7月の時点で販売台数は予測数80万機の3分の1であった。こうしてアップルは氷のごとくCubeを凍結する。

翌年、ついにMac OS Xが公開される。Mac OS 8および9はどちらも不振であったが、OS Xはアップルのオペレーティングシステムの存在をしっかり見せつけるものだった。ネクストのコンピュータを支えた核心であるUNIXおよびBSD（Berkeley Software Distribution）に大きく依存する。柔軟性のあるMac OS Xのおかげで、やがてアップルが次世代Macで新しいCPUアーキテクチャに移行する際も作業がスムーズに行われる。2000年から2010年半ばにかけて、アップルは高額でパワー不足のモトローラ・IBM製PowerPCプロセッサからインテル製プロセッサに切り替えを行う。当時インテルは、スピードやパワー面で業界をリードするアップルの競合企業のサプライヤーだった。供給元をインテルへ移行することで、ウィンドウズをMacにインストールすることが初めて可能となる。こうしてユーザーは2つのオペレーティングシステムを自在に行き来することができるようになったのだ。
　PC革命はもう終盤だ——アップルの競争相手たちは公然とうたっていた。しかしジョブズの頭のなかには、未来に向けたもっと躍進的なビジョンが浮かび上がっていたのだ。そしてこれがコンピュータの次なる10年を形どることになる。コンピュータはもう単なる文書作成や計算の道具ではない。これから消費者の「デジタルライフ」を完成させるための「デジタルハブ」になるのだ。ホームビデオを作ったり、家族写真や本、雑誌などあらゆるものをコントロールする媒体になるだろう。そんな媒体が今後のビジネス戦略の原動力になるはずだ。
　アップルは音楽制作と縁の深い会社である。事実、Pro ToolsやCubaseオーディオステーションなどのソフトウェアを使いこなす音楽業界のレコーディングスタジオにとって、コンピュータといえばアップルを使うのが主流であった。しかしアップルは、MP3ファイルフォーマットが台頭する音楽市場で消費者の音楽視聴の仕方が大きく変わっていくなか、波に乗り遅れていた。Rip（盗む）、Mix（ミックスする）、Burn（CDに焼く）のステップでCDを作成する。当時、ナップスターのような音楽共有サービスを利用したこの手法が大流行していたのだ。

音楽ファンはプレイリストを作成し、PCで好きなように自分のCDを焼くことができた。しかしアップルは動画再生ドライブを重視していたため、マックにはディスクに書き込みできるドライブ機能がなく遅れをとっていた。「あれは間抜けだった。完全に乗り遅れたと思った。なんとか追いつかなければと頑張ったんだ」。ジョブズは『フォーチュン』にコメントをしている。

現状を打開しようとアップルはSoundJam MPというソフトの買収に踏み切る。これは1998年に発表されたマック用のMP3プレイヤーで、アップル出身のエンジニアが手がけていた。これがシンプルに手直しされてiTunesとしてブランド再生される。2001年1月にサンフランシスコで催されたマックワールドで、ジョブズは再編成されたこのソフトウェアを発表する。音楽市場に出遅れたことを認めつつ約束を掲げたのだ。「スタートは遅れてしまったけど、我々はここからひとっ飛びするんだ」

iTunesにはナップスターの使い勝手の良さと大手レコード会社が賛同する高機能が共存していた。元となったソフト（＝SoundJam MP）にはあったファイル共有はなくなったが、それでもユーザーたちはCDから個人のiTunesライブラリに取り込んだり、自在にファイル検索やコレクションの整理ができるようになったのだ。

これによってマックの需要も促進する。こうして次なるステップはiTunes用デバイスの制作となったのだ。ジョブズがCEOになってからのアップルは、そのイノベーション力に相応しい高い評価を受けるようになっていく。また同時に、利用者の体験の良さ（＝使い勝手の良さ）にフォーカスすることで、既存のアイデアをより洗練したものへと磨き上げて、格段に高品質な製品にする能力を持ち合わせていた。iPodこそその代表例と言えるだろう。

大の音楽好きだったジョブズには、かつて製品が登場したてのころに愛用し、音楽に自由を与えた存在として深く感銘を受けた機器があった——ソニー製ウォークマンである。しかし今や市場に出回っていたMP3プレイヤーはどれも二流品ばかりだった。アップルはここにチャンスを見出す。Creative製NOMAD Jukeboxは大容量であるがサイズが大きすぎるし扱いにくい。また、いわゆる携帯デバイスは小型の低容量チップを使用しているためアルバム1枚分の曲を持ち歩くのさえ難しかった。市販される競合製品の大半はコンピュータ接続のためにUSB 1.1を搭載していたため、曲を携帯機器に転送する速度が泣けるほど遅い。電池の寿命も短すぎた。しかしジョブズにとって最大の課題は、運びにくくてナビゲーションが複雑な点で、これをどうにか改善したい。時には数千曲に及ぶデバイスに保存された何曲間を移動する際、処理が遅すぎてユーザーは退屈してしまうのだ。「ダサいものしかなかったんです」。当時の市販品についてアップルのiPod製品マーケティン

グ担当バイスプレジデントのグレッグ・ジョズウィアックは『ニューズウィーク』とのインタビューでそうまとめた。

アップルのハードウェアエンジニアリング部門責任者のジョン・ルビンシュタインはネクスト時代も同じポジションを務めていた。同年秋のホリデーシーズンに合わせて新しいプレイヤーを店頭に並べる。ジョブズからこの指令を受けてルビンシュタイン率いるチームがiPodを任されることになった。

アップルの開発チームの大半が後続モデルのマックに取り組むなか、ルビンシュタインは外部からのプログラマー兼エンジニアとしてトニー・ファデルを起用する。ファデルは電子携帯機器の発案や制作において経験が豊富だった。フィリップス社で携帯型PCを、ゼネラル・マジック社ではPDA開発を担当した経歴がある。パートタイムのDJでもあるファデルは、パフォーマンスのたびに大量のCDやレコードコレクションを持ち運ばずにすむ電子機器というコンセプトに自ら取り組んでいた。コンテンツデリバリーシステムをリンクさせたハードドライブ型のプレイヤー使用で、ユーザーが合法的に楽曲を入手してダウンロードする。ファデルが提案するこのコンセプトにアップルは注目する。iPod事業への参加が決まると、ファデルはアップルの新しいプレイヤーの基盤として使えるような市販品をあれこれ見て回る。RioとCreativeをあっさり見送ったあと、アップルのチームはPortal Player社に突き当たる。まだ新興企業で自社製品はなく、アップルの競争相手のIBMを含む会社のMP3プレイヤー開発補助を行っていた。アップルチームはPortal Playerによる初期製品に基盤として使えそうな可能性を見出す。しかし、同社の試作品を優れた製品にするには、アップルのソフトウェアと工業デザインチーム双方から大掛かりな調整を加える必要があった。

iPodに適切なパーツである液晶画面と充電型リチウムポリマー電池のサプライヤーは見つけたものの、ルビンシュタインは壁にぶつかっていた。ジョブズの求める音楽プレイヤーを具現化するには小型で大容量のハードドライブが必要なのだ。そんな最中、2000年の末ごろにルビンシュタインは出張で日本の電子部品メーカー東芝を訪問する。東芝はアップルのコンピュータ用ハードドライブのサプライヤーであった。このときルビンシュタインは同社の画期的な発明品を目にする。ラップトップ用の5ギガバイト容量で4.5センチ程度の超小型ディスクドライブの試作品だった。「何に使っていいのかわからないと言ってました。小型ノートパソコンに入れるとか」。ルビンシュタインは当時の記憶を語る。

iPhone
～爆発的な売り上げ

2007年 – iPhone

70万台

アップルの革命的製品iPhoneは2007年6月29日金曜日に発売開始。瞬く間に史上最速のペースで売れる家電製品となる。全米164箇所のアップル小売店舗は真夜中まで営業を続け、先着順で顧客一人当たりの購入は上限2個までに設定された。

2008 – iPhone 3G

100万台

iPhone 3Gは発売後最初の週末で100万台を達成。初代代モデルの画期的なあらゆる機能に加え、3GネットワークによりEDGE方式のiPhoneと比べて通信速度がを2倍になった。

2010年 – iPhone4

170万台

iPhone4ではアップルの新型Retinaディスプレイを採用。他の特徴としては、LEDフラッシュ付き5メガピクセルカメラ、720pのハイビジョンビデオ録画、アップル開発のA4チップ、3軸ジャイロ、通話時間の最大4割増加が含まれる。ガラスとステンレススチールを用いた美しい斬新なデザインで、世界一薄いスマートフォンを実現した。

2011年 – iPhone 4S

400万台

プロセッサ、カメラ、バッテリーが高性能化され、またアップルの音声パーソナルアシスタントSiriが初公開される。

想いは伝わる

2012年 – iPhone 5

500万台

超スリム化されたiPhone 5は、ディスプレイの縦横比16:9を採用し縦長に変更。またアップル自社開発によるプロセッサA6を搭載し、従来の30ピンコネクタはコンパクトで新しいLightningコネクタへ切り替えられた。

2013年 – iPhone 5s/5c

900万台

アップルは2013年9月20日発売日より3日間で、新モデルiPhone5sおよびiPhone5cの販売台数が過去最高の900万台に達したと公表。そして、デザインを一新したiOS7はたちまち世界2億台以上のiOS機器で稼働されることとなり、史上最速のソフトウェアアップグレードを達成した。

2014年 – iPhone 6/6 Plus

1000万台

アンドロイド搭載による大型ディスプレイの携帯電話ファブレット（訳注:電話とタブレットを掛け合わせた造語）の人気を受けて、従来モデルより大き目のサイズ2種類を採用。はiPhone 6は4.7インチ（約12センチ）、iPhone 6Plusは5.5インチ（約14センチ）。

2015年 – iPhone 6s/6s Plus

1300万台

iPhone6sおよびiPhone6s Plusの両モデルの販売台数は、発売日より3日間で計1300万台突破となり記録を更新。2015年末までに新モデルは世界130カ国で入手可能となる。

タバコケースに入るほどコンパクトでいながら大容量を備えたドライブ。これがあれば1000曲以上が持ち歩けてしまう。スモールフォームファクタの試作デモを見て驚愕したルビンシュタインは、同じく東京でマックワールドに参加していたジョブズの元へ急いで会いに行く。そして東芝の超小型ディスクの独占権を獲得するため、1000万ドルの小切手をリクエストする。これが揃えばiPodは競合相手の先を行くことができるのだ。「スティーブに伝えました。『これで大丈夫です。部品がすべて揃いましたから』って」。ルビンシュタインが言うとジョブズは答えた。「いいぞ、頑張ってみろ」。

　当時、市販の携帯プレイヤーのネックとなっていたファイル転送速度の問題の解決策として、iPodチームはFireWireへの接続を選ぶ。FireWireはビデオカメラから動画転送をするためにアップルが開発したテクノロジーで、USB 1.1の30倍の速度でデータ転送が可能だ。これで楽曲を他の機器へ転送する作業は市販品と比べてグンと楽になる。

　ジョブズはiPodに情熱を注ぎ、復活以来手がけたどのプロジェクトよりも細かく指示を与えていた。ニュートンやピピンといった前CEOの管轄のもとで作られた家庭用電化製品の辿った道をiPodには辿らせない。そう固く決意して自らの厳しい基準に満たない初期試作品を何度も却下した。あるときデザインチームが提示したiPod見本を手にしていじった後に「デカすぎる」と文句を言う。そこでエンジニア側はこれでも奇跡的な超小型化に成功したのだと反論してしまう。するとジョブズは激怒して立ち上がりオフィスの隅にある水槽まで歩み寄ってできの悪い見本品を水の中に沈めた。水面に気泡が上がる。それを指差しながら「ほら、まだ詰められるスペースがいっぱいあるってことだ。デカすぎるんだ」とやりこめたのだった。

　ユーザインターフェースを担当するエンジニアにとっての大きな課題。それは千曲以上もが収められるデバイスのライブラリをいかに簡単に操作できるようにするかである。チームはまず、使い勝手の悪い市販のMP3プレイヤーにある不恰好な矢印キーのボタンをどう改善するかに悩む。ジョブズは既存の操作法を嫌悪していた。そこへ穏やかな性格のマーケティング担当シニアバイスプレジデント、フィル・シラーがひらめきをもたらす。シラーが参考にしたのはバング＆オルフセンのベオコム電話機だった。これについた電話番号、電話履歴リストをナビゲートするダイアル式インターフェースのように、iPodメニューもホイールを使って回す操作にすれば、スクロールを速くすることができる。まさに発見の瞬間だった。これこそ他社の格好悪いプロダクトとiPodの一線を画す機能になるのだ。

サンフランシスコ出身のコピーライター、ヴィニー・チエコは、アップルの依頼を受けて新製品の初回マーケティングキャンペーンの担当チームに参加していた。iPodという名称を思いついたのは自分であるとチエコは主張する。ミーティングの際、ジョブズは新デバイスにふさわしいスローガン「1000曲をポケットに」を決定する。これで製品名に他の説明をつけたり音楽っぽい響きを与える必要はない。iPodを見てすぐにチエコはSF映画を連想したという。「白いデバイスを見た瞬間、『2001年宇宙の旅』（訳注：1968年4月6日公開のスタンリー・キューブリック監督によるSF映画）を思いついたんです。『早くポッド区画のドアを開けろ、ハル！』って」（訳注：ポッドは映画の中で宇宙船本体から切り離される船外作業用の乗り物。この台詞は宇宙飛行士デイブがポッドが格納されている区画を開放するよう指示したもの）。iTunes、iMac、iBook、iMovieに続いて、あとはiをPodの前に加えるだけで命名は完成となった。しかしながら、その1年前にあたる2000年7月24日、アップルはiPodの名称を「コンピュータ装置を含む一般向けのインターネット接続用情報端末機器」として登録していた。チエコはこれをただの偶然か、またはアップルが未公開の製品について競合相手を撹乱させるために登録していたにすぎないと主張している。

　6カ月にわたる猛烈な作業期間を経てiPodチームは納期を実現した。2001年10月、クパチーノ本社での特別公開イベント用の招待状には「ヒント……マックじゃありません」と思わせぶりな言葉が添えられていた。

「これはものすごい、メチャクチャ画期的な発明です」。ジョブズは参加した取材陣に告げる。真っ白なステンレス製のカードサイズのデバイス。発表会ではこれをジーンズのポケットから取り出しながら言い放った。「iPodさえあれば、これまでになかった音楽体験ができます」。大きくでた発言だ。しかし結果的にこれはジョブズの想像を超えるほどぴったり未来像を読み当てる言葉となる。

　完成したiPodは1000曲が収容可能、1時間で充電が完了し価格は399ドルであった。「初めてウォークマンを買ったときの感動を覚えてるかい？」。発表会で背後にあるスクリーンに登場したミュージシャンの1人、歌手のシールはそう問いかけていた。当初、報道陣やアップルファンの間でiPodへの反応は決して熱狂的とはいえなかった。ウィンドウズ機器と同期できない点や比較的高額な価格設定、奇妙な製品名に不満を持つ人は多かったのだ。

Apple Park

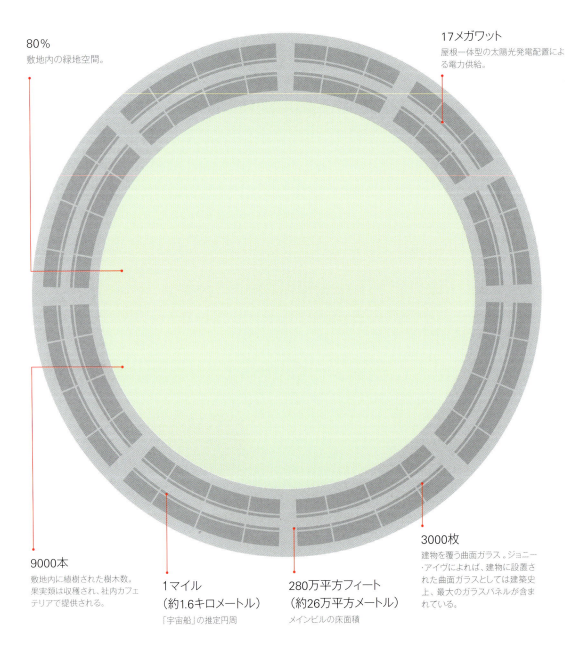

80%
敷地内の緑地空間。

17メガワット
屋根一体型の太陽光発電配置による電力供給。

9000本
敷地内に植樹された樹木数。果実類は収穫され、社内カフェテリアで提供される。

1マイル（約1.6キロメートル）
「宇宙船」の推定円周

280万平方フィート（約26万平方メートル）
メインビルの床面積

3000枚
建物を覆う曲面ガラス。ジョニー・アイヴによれば、建物に設置された曲面ガラスとしては建築史上、最大のガラスパネルが含まれている。

想いは伝わる

1000人
地下視聴ホール、スティーブ・ジョブズ・シアターの収容人数。

1万4200人
新キャンパスの収容従業員数。

175エーカー（約0.7平方キロ）
（新社屋および周辺施設を含む）アップル・パーク全体の敷地面積。

10万平方フィート（約9290平方メートル）
従業員用フィットネスセンター総面積。

50億米ドル（約5600億円）
推定総工費

100％
再生可能エネルギーによる新キャンパスの電力自給率。

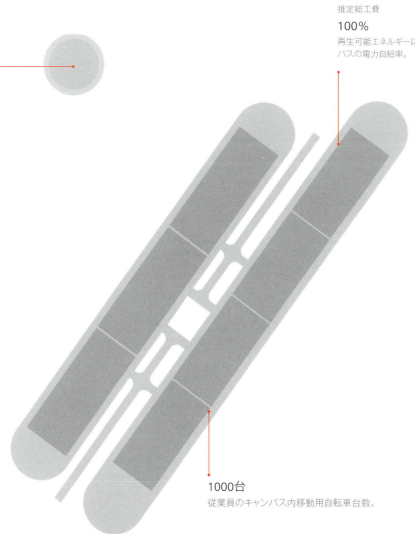

1000台
従業員のキャンパス内移動用自転車台数。

一方iPodは、1カ月後に発売開始となったヨーロッパ市場においてはるかに好成績をあげる。公開後1カ月間の売上げは12万5000台と緩やかなスタートであったが、徐々に売れ行きを伸ばした。初年度の売上げは100万台に達し、その後もアップルの「エコシステム」はiPodを軸に次々と新しいアクセサリやソフトウェア製品を発売しながら構築されていく。2002年7月、新たにアップデートされた大容量20GバイトのiPodが発表され、ソフトウェアMusicmatchを経由して他社メーカーのウィンドウズPCでも同期できるようになった。またアップルは2002年クリスマスシーズンに合わせて名前を刻印したiPodを販売。マドンナやベックなど有名人のサインや企業ロゴが刻印されたモデルも限定販売された。

　デジタルハブの構築というアップルの成功を手放しで喜ばない者もいた。米上院委員会で当時のディズニーCEOマイケル・アイズナーは「リップしてミックスしてバーンする」という著作権侵害を助長するような広告展開をするアップルを非難。こうした宣伝は「コンピュータを買えば盗みを働いてもいい」とほのめかしているようなものだと訴えたのだ。ジョブズはアップルの立場を明確にしてやり返す。『ウォール・ストリート・ジャーナル』にこう述べている。「消費者は合法的に音楽を購入した際も、あらゆる手持ちのデバイスを使って自分で管理する権利を持っています」。アップルは音楽業界のためになることをしているのだ。この主張はその後ジョブズの次なる一手によって支持を集めることとなる。それはレコード会社を脅かす不気味なネット上の海賊盤サービスに対抗する構造を生み出すことであった。

　iPodの販売が想像を超えて伸びつつある一方で、音楽業界は現状にうろたえ、途方にくれていた。大手レコード会社は、デジタル音楽の著作権を保護する技術の標準プラットフォームづくりで合意できずにいた。複数の著作権侵害訴訟が提出されナップスターに終焉をもたらしたものの、カザー、ライムワイヤーなど同種のサイト、サービスがより規模を拡大し洗練されてまかり通る。無料で、大半は違法なファイル共有はその後も人気を博し世界中に広まっていった。CDの誕生でレコード盤は消失したが、今度はMP3の出現によってかつて年間400億ドル規模であった音楽業界が抹殺されようとしていたのだ。

　危機的状況に直面するなか、2002年1月、ワーナー・ミュージックとソニー・ミュージックの幹部らがクパチーノのジョブズを訪ねてミーティングを行う。目的はアップルをパートナーとして合弁事業に参画させて、音楽機器用の標準ファイルプラットフォームを開発することだった。

　レコード会社にとって、ジョブズそして今や優勢な立場にあるアップルに助けを求めるのは手っ取り早い考えであった。当時ワーナー・ミュージックのエグゼクティブバイスプレジデントを務めたポール・ヴィディックはこう述べた。

「スティーブはデジタル音楽をファッションに仕立てました。iPodの白いシルエットの広告キャンペーンはまさにそれを具現化したものです。音楽をファッションのように、体感できるようなメッセージにしました。音楽をセクシーな存在に変えたのです」

話し合いが始まってまだ数分という段階で、ジョブズは素っ気なく進行を遮って言う。「あんたたちは頭が悪いなぁ」。

「みんな黙ってしまいました」。ヴィディックは当時を思い起こす。「枯れぎみの声で『スティーブ、君の言う通りなんだ。だからここに集まったんだ。助けてくれないか』と答えました」。ジョブズはアップルによる合弁事業への参加を承諾したが、具体的な製品や基準に関する計画はまだまとまらなかった。

iPodの躍進が続く。この状況で、ネット上の音楽販売に関してヴィディックらを自らのビジョンに従わせる力はジョブズの手中にあった。会議から2カ月が経ちiTunesストアのプロトタイプができた段階で、ジョブズはワーナー・ミュージックに声をかけ、ヴィディックとその他の幹部数名を相手に2時間の製品デモを行った。ヴィディックらはいたく感動する。

「これがアップルの店舗となるわけです。消費者の目にすぐ入る形で」。ヴィディックは2013年、『ローリングストーン』誌に対して語った。「『こんなにシンプルにできるなんて。すごい、最高だ』と感じた記憶があります」。

アップルとワーナーは事業計画を徐々に作り上げていく。iTunesストアのインフラについては他の大手レコード会社に売り込む前に具体化させた。よく勘違いされることであるが、楽曲一曲につき99セントと言う値段設定を最初に提案したのはジョブズではない。実際はワーナー側の役員らであった。一曲3ドル49セントを望むレコード会社もあったため大きな決断であった。

しかし単純な価格設定の方が、製品そして消費者の選択肢としてわかりやすいため、ジョブズも一括設定に賛成する。「価格をスティーブに伝えると、プレゼントをもらったみたいな顔をしてましたね」。ヴィディックは言う。「消費者の行動パターンを大きく変えなければならないと理解していましたから。1ドル未満は気持ち的に手が出やすい価格です。衝動買いにもつながります」。

ワーナーとの合意が成立しiTunesストア開店の準備が整ったところで、アップルはEMI、ユニバーサルミュージック、BMGそしてソニーを含む他の大手レコード会社をパートナーとして引き込んでいったのだ。

アップルの現金保有と資本

アップル保有の巨額の現金と時価総額を他のハイテク大手と比較（2011年時点）。

想いは伝わる

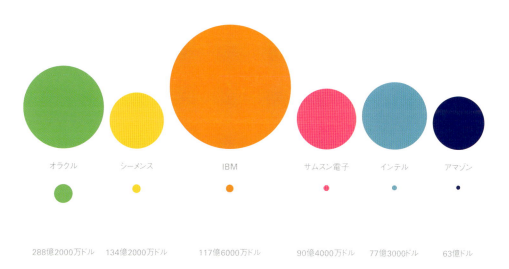

ワーナーと比べて、他のレコード会社との提携成立への道のりは一筋縄ではいかなかった。アップルの幹部らは、価格設定やジョブズが推すアルバム楽曲のバラ売りをめぐって抵抗にあう。「アップルのスタッフは優秀だけど話がまとまらないんだ」。当時のEMIでデジタル配信部門責任者ジェイ・サミットは語った。「レコード会社からしてみれば、アップルはパソコン市場シェア2％の小さな会社にすぎなかったのです。もしあのころスティーブが個人的に介入していなかったら、iTunesは完全に失敗していたと思います」

　しかしここでもやはりジョブズの営業マンとしての情熱と魅力が狙い通りの結果をもたらすのだった。結局、レコード会社は1社、また1社と提携計画に収まっていく。当時ユニバーサルミュージックのトップを務めたダグ・モリスは言う。「最高のセールスマンですよ。iPodからiTunesストアまでの流れを完全に把握していました。とにかく筋が通っていました」。

　レコード会社幹部らとの1年半に及ぶ交渉の末、2003年4月、iTunesストアは20万曲を収めたライブラリとともに立ち上がる。1週間以内で100万曲が売れたのだった。

　アップルのマーケティング部門は過熱状態となる。ダンサーたちのシルエットを描いたiPodを象徴する広告はブラック・アイド・ピーズの『ヘイ・ママ』、ジェットの『アー・ユー・ゴナ・ビー・マイ・ガール』など、ジョブズ主体で厳選したクールで新進気鋭のバンドの音楽とともにあちこちで流れた。アップルの白いイヤホンはスターバックスの紙コップのようにどこでも見かける存在となっていく。ニューヨークのマディソン街を走る車の中からジョブズはこの光景を目にする。過ぎ行くブロックには必ずアップルの白いイアホンを垂らしている人を見かけるのだった。ジョブズはのちに当時の驚きを述べた。「『うわぁ、いよいよ始まったな！』って思ったよ」。

　数カ月間で、iTunesストアは音楽業界で合法的にダウンロードされる楽曲の7割を販売するまでに成長した。発表から1年後には8500万曲を売上げ、2003年度に『フォーチュン』が選ぶ最も優秀なプロダクトに選ばれる。同様にiPodの販売数も上昇を続けた。2008年に販売台数は5500万台とピークに達し、音楽小売業界ナンバーワンのベスト・バイを抜いてトップの座に立つ。そして2010年2月、iTunesは世界一の音楽小売業者となった。

　iPodとiTunesストアの快進撃。ところがこの成功は、避けては通れない訴訟問題を掘りおこす事態に繋がる。しかも相手はジョブズが長年慕い多大な影響を受けてきた存在であった。2006年3月、レコーディングレーベルとしてビートルズ楽曲の権利を所有するアップル・コア社は、アップルコンピュータを商標権の侵害で訴える。1991年、アップルコンピュータは同名の会社アップル・コア社に対して、音楽ビジネスには踏み込まないという約束を交わしていた。しかし時代は変わり、この時点ですでに1000万曲以上の楽曲が

iTunesで販売される状況となり、アップルコンピュータは明らかに音楽産業に参加していたのだ。この争いはロンドンの高等裁判所で審議される。裁判官は自らもiPodを所有しているという理由で本件の担当には不適格かもしれないと考えたという。アップル側弁護団は「慌てん坊のバカ者」ですら両社を混同する人間はいないはずだと主張。結局この紛争は2007年、ジョブズ側に有利な形で決着がつく。幸い2010年にはビートルズの全楽曲がiTunesストアで取り扱われるようになり、両社の関係は修復された。同年の後半に、マンハッタンのミッドタウンにアップルストアが開店する。珍しいガラス張り立方体のビルは、ニューヨークシティを代表する現代的建築となる。

　iPodとiTunesで大勝利を収めたジョブズであったが、このころ、自身の腹部に激しい痛みを訴えるようになっていた。食欲は減り食事を抜くことも頻繁となる。病気ではないと真剣に取り合わず、過去に腎臓結石の治療を受けたからだと自己診断で済ませていた。しかし2003年、以前に治療を受けた泌尿器科医とたまたま再会した際に自らの健康状態を話し合う。症状自体そこまで深刻に思わなかったが、この医師はジョブズに定期検診を受けて腎臓と尿管をCTスキャンするよう強く勧める。最後にCT検査を受けてからもう5年も経っていた。

　初期診断の検査結果は深刻で好ましくなかった。膵臓に腫瘍の影が見られる。身の回りの整理をしておいた方がいい。そう助言する専門医もいた。

　スキャン検査に続いて同日、生体検査が行われた。今度の結果は少し明るいものだった。膵臓の影は膵臓神経内分泌腫瘍という珍しい腫瘍であり、進行が遅い変異体で治療できる可能性が高いと告げられた。がんを早期発見できたことで腫瘍が転移する前に切除ができる。ところがジョブズは手術を拒否する。これに家族や友人は落胆した。「カラダを切開されるなんて嫌だったんだ。だから他にできる方法はないか探すことにしたのさ」。ジョブズは伝記作家ウォルター・アイザックソンに語った。「他にできる方法」に含まれたのは厳格な菜食主義の実践。また、鍼療法やハーブ治療を行い、心霊治療師からのアドバイスも取り入れたりした。

がんとの戦い

2003年──診断
膵臓神経内分泌腫瘍という珍しい腫瘍と診断される。

2004年──公表
8月
社員向けのメールで自らがん手術を受けた旨を報告。ジョブズ回復期間の業務をティム・クックが引き継ぐ。

10月
カリフォルニア州パロアルトのアップルストアを訪れ、術後はじめて公の場に姿を見せた。

2005年──「もう大丈夫です」
6月
スタンフォード大学での講演を行う。当初は余命わずか3カ月と診断されたが翌日の生体検査によって治療が可能であると告げられた経緯を告白。ジョブズは「もう大丈夫です」と述べた。

2008年──体重減少
7月
明らかに痩せ細った姿が見受けられるようになる。アップルCFO(最高財務責任者)ピーター・オッペンハイマーは、同社CEOの病気が再発したという噂の蔓延に対処。ジョブズに退職する意図はなく「健康問題はプライベートなこと」であると主張した。

2009年──療養休暇
1月
アップルは社員に向けたジョブズからの声明を発表。このところ体重が激減した理由はホルモンバランスの不均衡が原因であり、自らの会社経営は続行すると述べた。しかしその11日後、同声明を撤回し6月まで療養休暇をとる旨を報告した。再びクックが舵取りを任される。

6月
テネシー州にあるメソジスト大学病院移植研究所はジョブズが肝臓移植手術を受けたと声明を発表。「術後の予後は非常に良好」であると報告した。ジョブズは同月、仕事に復帰する。

9月
半年ぶりにジョブズがアップル新製品発表会を取り仕切る。肝臓提供者は自動車事故で死亡した若者であったことを明らかにした。

2011年──退職
1月
ジョブズは再び療養休暇を取る意向を社員へ通達。今回は復帰予定の期日について触れられずに、再度クックが日々の業務を担当すると伝えられた。

8月
ジョブズがアップルCEO辞職。理由として自らの責任果たせなくなったことを挙げ、病状については言及しなかった。

10月
56歳で他界。

想いは伝わる

膵臓がん

リスク因子

| 性別 | 糖尿病 | 遺伝 | 運動 | 喫煙 | 年齢 |

数字で見る膵臓がん

3 — 米国でのがん関連死の死亡原因として第3位

3% — 膵臓がんと診断された患者の5年生存率（がん全般のなかで最低）。

12 — がん関連死を引き起こす最も一般的な原因として第12位に入る。

50/50 — 膵臓がん患者の中の男女疾患の割合は半々。

20%〜30%
喫煙が原因で膵臓がんを発症したと推定されるケース。

65人に1人
生涯で膵臓がんに罹患する平均的確率。

治療法

 膵臓がんの腫瘍部切除により患者の寿命を数年引き延ばすことが可能。

 手術ができない患者の場合は化学療法や放射線治療が行われる。

9カ月が経過する。しかし明らかに食事療法やハーブ治療の効果は見られなかった。2004年6月のCT検査では腫瘍が拡大し転移している可能性が確認される。自らの治療にもう代替治療策がない事実を認め、2004年7月31日、ジョブズはスタンフォード大学メディカルセンターで手術を受けた。手術は順調に進んだが回復に繋がらない。外科医はジョブズのがんが肝臓の3カ所に転移しているのを発見したのだ。のちになってジョブズは、がんが初期に確認された段階で手術を受けなかった点を悔やむ。

　一方、自分の深刻な健康状態については周囲に隠し、会社のスタッフや経営陣にも手術の成功を報告。「回復中」であり、9月までには職場復帰するつもりだと伝えたのだ。

　ジョブズはスピーチの達人であるが、講演会はほとんど行っていなかった。「スティーブの時間の使い方ですが、旅行などほとんどしてませんでした。いわゆるCEOのようにカンフェレンスや会合にも滅多に参加しません。家で夕食を食べに帰りたいタイプでした」。ティム・クックはコメントする。

　しかし、スタンフォード大学から2005年6月の卒業式で卒業生への訓示を打診された際、これを承諾し、スピーチを行う。

　普段は絶対的な自信家である50歳のジョブズが、この講演に対してはかなり緊張していたという。「朝起きてからドキドキしていましたよ」。ローリーンは講演当日の様子を回想する。「あの人があんなに緊張するのは見たことがないほどです」。

　健康問題を抱えるようになってジョブズが人生を顧りみたこの日のスピーチは、今や名演説として知られる。まったく赤裸々ではないにしろ、自身のがんについて公の場で正直に気持ちを話した稀な機会であった。「手術をしたから今はもう大丈夫です」。そうジョブズは語った。

　講演の原稿はテレビ番組や映画の脚本家アーロン・ソーキン（『ザ・ホワイトハウス』『ア・フュー・グッドメン』や2015年のダニー・ボイル監督によるジョブズ伝記映画の脚本を担当）の助けを借りて書き上げられ、3部構成となっていた。第1部はリード大学を落第した経験、第2部はアップルから追放されたときのこと。最も心打たれるパートとなる第3部目は、がんの診断を受けたこと、そして死に直面することで芽生えた意識についてであった。

時折重々しい口調になりつつもジョブズは会場の卒業生らを激励する。人間の未来は予測できないものであり、つまらない仕事をして時間を無駄にしてはいけないのだと。
　講演を締めくくった最後の言葉。それはかつて大学時代にジョブズがインスピレーションを受けたカウンターカルチャーの雑誌『ホールアースカタログ』誌最終号から引用したものだった。
　"Stay Hungry. Stay Foolish."
　（ハングリーであれ。愚かであれ。）

第 17 章

最後にもう1つ

スティーブ・ジョブズ　グラフィック伝記

最後にもう1つ

ジョブズはがん手術の後、
できるだけ早い職場復帰を目指して体調管理に努めた。

　ついに復帰を遂げると、いっそう集中し、断固たる様子が感じられた——同僚たちは当時のジョブズをそう振り返る。

　アップルは復活を果たし生まれ変わった。しかしまだ一番大事な仕事は終わっていない。ジョブズはそう感じていた。ゆっくり休んでいる暇はない——アップルは引き続き前へ進み、もっと優れた製品を生み出さなければならなかった。とりわけ当時のヒット商品を脅かす存在が台頭し始めていたからだ。

　ジョブズと同じくアップルの役員たちもiPodの将来に不安を抱いていた。販売台数は2003年で200万台、翌年に1000万台、翌々年には4000万台に到達。消費者向け電化製品としては前代未聞の売れ行きであった。2005年までにはiPodだけでなくiPod mini、iPod nano、iPod shuffleが順にサイズを縮小しながら発表されていた。同年には初の動画再生機能つきiPodも登場。iTunesで映画やビデオの購入が可能となる。しかしiPodの好調が続くなか、将来的には携帯電話がiPod市場を侵食する流れは明らかだった。サムソン製SPH M100のようなコンパクトな折りたたみ式携帯は保有楽曲数に限度があるが、すでに基本的なMP3再生機能を備えていた。他にもソニー・エリクソンP900やHTC Himalayaのようなコンパクト性に欠けてもPDAのコンセプトに基づく多機能型ビジネス向け携帯が登場し、今日のスマートフォンに近づいていく。これらにはインターネット接続やEメール機能はじめ、スタイラス使用のタッチスクリーン、内蔵カメラが備わっていた。

　iPodと携帯電話を2つ持つ消費者は多かったが、1台にまとめて学校や職場に持っていけたら理想的だと思われていた。そしてまもなくアップルの競合企業が2種類の機器を合体させた魅力的な携帯電話を打ち出すことになる。

　当初、この現状に対しアップルは脅威の緩和を目指す策を試みる。モトローラとの提携でiTunesケータイを共同開発し、米国市場でワイヤレス通信会社シンギュラー・ワイヤレスに専属販売させた。キャンディバーのような形でROKR E1（ロッカー）と呼ばれ、iTunesストアで購入した音楽を視聴できる初の携帯電話となる。アップルがiTunesソフトウェアを提供し、モトローラはハードウェア設計および生産を担当する。ユニークな特徴を備え、マドンナやイギー・ポップ、ラッパーのコモンを起用した豪華な広告キャンペーンを展開したにもかかわらず、今ひとつ冴えない携帯電話は最初から消滅する運命にあった。ある意

スティーブ・ジョブズ　グラフィック伝記

アップル株

ジョブズ〜クック時代まで時価総額の推移

1997年9月16日、ジョブズがアップルに復帰し暫定CEOとなる（時価総額27億7600万ドル）。

| 1997年 | 1998年 | 1999年 | 2000年 | 2001年 | 2002年 | 2003年 | 2004年 | 2005年 | 200

最後にもう1つ

味、アップルは意図的にROKRの足を引っ張っていた。iTunesの機能を最低限の初心者向けiPod shuffleレベルにとどめ、ROKRを通してユーザーにiTunesを紹介がてら体験させ、最終的には高性能のiPodに切り替えてもらう。こうした狙いがあったのだ。

ROKRの売り上げは不調で、アップルとモトローラは提携を解消した。ただしアップルにとって今回の提携は携帯市場を試す好機となった。今後シンギュラーと提携の可能性を話し合う上でもいい足がかりとなる——次こそはアップル独自の製品によって事業を進めるのだ。

iPodやiTunesストアのときと同様に、携帯電話においてもアップルは経験の浅い未知の市場に参入していく。しかしジョブズは断固として携帯市場を今後の方向性として強く押した。「優れた携帯電話がないから皆んな困っている。こんなのはよくない。チャンスが転がってるんだ」。そうジョブズは言っていた。MP3プレイヤーの場合と同じように、アップルの新たな使命は、携帯電話とその市場の問題点を解決し、生まれ変わらせること。そしてそこから頂点に立つことだった。

今日のiPhoneの始まりは、2003年にジョニー・アイブ率いるデザインチームが行なったブレーンストーミングまで遡る。このミーティングでデザイナーのダンカン・カーは入力機器部門と行っていた研究成果を披露した。この部門はマックの新しい操作方法を模索していた。カーがスクリーン上で新しいマルチタッチ技術を紹介するとアイブやチームメンバーらは驚愕する。未来への新しい可能性が秘められていると興奮したのだった。このデモでは従来の1本指でなく2、3本の指を使ってズームや回転などを行い、画面上の画像を操作する方法が紹介された。

この技術を使ってどんなハードウェアを製作すべきか。チームが話し合うなかで、触覚を生かすのならタッチスクリーン型マックがいいという明らかな結論に至る。その後、アイブは巨大な実験システムを見せられた。インプットエンジニアリングチームが既に開発し始めていた手を加えたOS Xで動作していた。卓球台ほどのサイズのタッチセンサー群に、上から吊るしたプロジェクターでMacの画面を投影したものだった。「これはすべてを変えるだろう」。会議のあとでアイブはチームメンバーたちに伝えた。ジョブズにも新システムを見てもらいたいと思ったが、担当開発者らが温めているコンセプトがもう少し形になるまで待つことにした。「スティーブはすぐに意見を始めてしまいます。だから僕は他の人がいる前でスティーブに何かを見せることは避けてました」。アイブはこう説明した。

そしてある日、アイブはジョブズにチームの研究成果を報告する。「これこそ未来そのものじゃないか」。CEOは仰天して言葉に力を込めた。ジョブズのゴーサインが出たことで開発はさらに進む。目指すのは、あの巨大な静電容量方式スクリーンを縮小化して修正版

OS Xを起動させた指タッチ操作のタブレットである。アイブのチームは1週間以内にピンチやズームの動きを認識できる12インチのマックブックスクリーンの試作品を仕上げた。機能の実演デモのために手を加えたグーグルマップが使われた。コンセプトの証明を受けてジョブズはアイブのチームに対し、製品化を念頭に置いてさらにタブレット試作品を作成するよう指令を出す。2005年、アップルが内密にフィンガーワークスを買収したことで、同プロジェクトはいっそうの盛り上がりを見せる。同社はデラウェア州にある小さな会社で、すでにPC用のジェスチャー対応タッチパッド含む複数のマルチタッチインターフェイスを開発していた。一方、アップルがタブレットとして製品化するのはここから5年も先となり、同社の基礎的な技術はまずアップルの携帯電話にあてられるのだった。

　選択肢を見極める形で、当時アップルは2種類の携帯電話の開発を同時進行させていた。1つ目はアイブが取り仕切り、マルチタッチ技術によるスクリーンを持つタイプ。2つ目はiPodエンジニアリング部門バイスプレジデントに昇格していたトニー・ファデルが担当。こちらはその頃発売されたiPod miniとそのクリックホイール式インターフェイスを元にしたコンセプトで進められていた。ホイールによって、回転式ダイアルのような操作、連絡先検索用のローロデックス（訳注：回転式名刺ホルダ）式インターフェイスを実行。また、SMSメッセージ作成用の先読み機能との連動にもホイールを活用する仕様だった。アップルはこのテキストシステムに関する特許を複数申請した。そこでジョブズの名前は発明者の中に含まれている。しかし最終的にジョブズはiPod主導の電話開発を中止する。理由はホイール型ではウェブ閲覧やアプリ使用を簡単に操作できず、インターフェイスの速度も遅くなり、全体的に製品としての限界を感じたからだ。

　一方、もう1つの種類、タッチスクリーン式携帯のコンセプトには可能性があると判断し、アップルはこちらの開発に専念するのだった。「プロジェクトパープル」というコードネームのもと、アイブが同プロジェクトの工業デザイン責任者となり、ファデルはエンジニアリング担当となった。また過去のOS X開発の責任者を務めたスコット・フォーストールが、新しい携帯電話のオペレーティングシステムを改変する役割を任される。こうして秘密結成されたiPhone部門のためにマックやiPodプロジェクトから主要スタッフが移動されることとなり、その影響で他の製品に遅れや取り消しといった事態も発生していた。また携帯プロジェクトに関し、悪評高いアップルの「秘密主義」はさらに色濃くなる。ジョブズは各チームリーダーたちに対し、iPhone事業スタッフの起用において社内間の異動は許可したが、外部からの雇用を一切禁じたのだ。

ジョブズ指揮下、最後の四半期売り上げ

ジョブズが死去した時点で、iPadはアップル第2の主力製品となっていた。

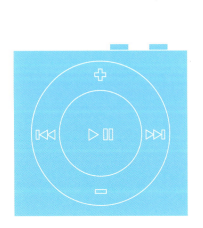

iPod
754万台

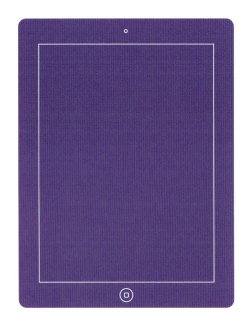

iPad
925万台

iPhone
2034万台

iPhone事業の陣頭指揮をとるなかで、ジョブズはピクサーをめぐる新展開への対応にも気を配らなければならなかった。『モンスターズ・インク』と『ファインディング・ニモ』が大ヒットし、ディズニーと締結した契約条件を満たすまで制作はあと2本という段階となる。ジョブズは両作の成功を盾にディズニーとの契約条件をピクサーの有利なように変えようと試みた。しかし交渉は行き詰まる。ジョブズはピクサーを他のスタジオに移籍させる可能性を示してディズニーを脅しにかかった。当時のディズニーCEOのマイケル・アイズナーも反撃に出る。『モンスターズ・インク』、『ファインディング・ニモ』、そして『トイ・ストーリー』の続編をディズニーが製作すると言って対抗したのだ。この決裂と潜在的な影響にピクサーのチーフ・クリエイティブ・オフィサーであったジョン・ラセターは酷く落ち込む。「自分の子供たちが心配で仕方なかったです。僕たちが生んだキャラクターたちをディズニーがどんな風に変えてしまうのかと思うと」。

　やがて両者の膠着状態は解消される。その前年に株主の反発を受けて会長職から追放されたアイズナーが、今度はCEO職から追放される形で決着を迎えた。後継者となったロバート・アイガーはピクサーの専門技術とこれまでに創造したキャラクターたちが今日どれほどディズニーの文化に織り込まれているのかを理解していた。アイガーはピクサーを手放すつもりはなくジョブズとの交渉を再開する。じっくり話し合いを重ねた結果、2006年、最終的にディズニーがピクサーを74億ドルで買収することになった。ラセターはディズニーのチーフ・クリエイティブ・オフィサーに出世し、ピクサー創業者エド・キャットムルはウォルト・ディズニー・アニメーション・スタジオ社長となる。またこの売却の条件としてジョブズはディズニー取締役会に参加し、資産価値30億ドルに当たる7％の株式を所有する筆頭個人株主となった。この買収成立に伴い、ジョブズは将来的にディズニーCEOの座を狙っているのではないかという憶測が飛んだ。ところがクパチーノ本社の者たちから見れば、ジョブズの焦点がアップルであることは明らかであった。

　初期のミーティングからiPhoneデザインチームは1つのルールを決めていた。携帯電話の画面の邪魔を一切許さないというもので、アイブは「インフィニティプール」をデザインの大きなインスピレーションとしていた。加えて、iPodと同様にロゴやブランド名は表には出さない。洗練されたデザインこそが製品の目印ということだ。

　iPhone発表が2、3カ月前に迫るという時期だった。最も重要なスクリーンが問題となりプロジェクト進行が危機に立たされる。ジョブズがプラスチック製スクリーンを嫌がったのだ。鍵と一緒にジーンズのポケットに入れていた見本モデルのスクリーンに傷がたくさんついていたのを見て、試作品に使用した素材の変更を要求する。モトローラの折りたたみ式携帯電話RAZRのスクリーンに似たガラス材だ。ところがiPhone用に適切な強化ガ

ラスのサプライヤーを探す作業は難航した。アップルのオペレーションチームはガラス材を探し求めて、最終的にニューヨーク州のコーニング社にかけ合う。キッチン用品のパイレックス・ガラスを発明した会社だ。同社は1960年代に、ゴリラガラスと呼ばれる簡単に壊れない耐久性の強いガラスを発明した。このガラスは少しの間、航空機や自動車会社に採用されたが、結局いい市場が見つからずに、70年代に生産中止となっていた。

iPhone発表まで2カ月を切った段階で、アップルは6週間以内で可能な限りのゴリラグラスを生産をしてほしいと注文する。しかしコーニングはゴリラグラスを量産したことはなく、しかももう何年も作っていなかった。「いま我々の工場であのガラスを作っているところはありません」。コーニングCEOのウェンデル・ウィークスは答える。しかしジョブズは諦めない。「なんとか頑張るんだ。君ならできる」と言ってジョブズはウィークスを激励したのだ。結局ジョブズの説得に負けてコーニングはケンタッキー州にあるLCD用の工場をゴリラガラス生産用に改造。夜を徹しての生産に明け暮れた。そして2007年5月までに数千メートル分のガラスを生産してアップルの注文を完遂したのだった。

冬が近づいてきたある日、ジョブズはiPhone事業に携わる経営陣を役員室に集めて経過報告をさせた。iPhone発表は2007年1月、サンフランシスコで開催のマックワールドで予定されている。しかし各部門からのフィードバックを聞くと、新製品はとても完成間近とは思えない状態だった。ソフトウェアはまだまだ不安定な状態。アンテナ感度が悪くて頻繁に通話が途切れ、充電しても電池残量がすぐなくなる。また携帯電話の近接センサーは髪色がダーク系のユーザーの場合、機能しにくいという問題もある。いつも通りCEOは激昂するだろう――役員室にいた誰もがそう覚悟していた。しかし今回のジョブズは一連の問題に対しいつになく穏やかで無表情のまま反応するのだった。「プロダクトはまだできていないからね」。

ジョブズは声を荒らげこそしなかったが、その冷酷な目つきは発表延期という選択肢がないことを物語っていた。iPhone部門のスタッフにとってここから先の3カ月はあまりに耐え難い緊迫した期間となる。iPhoneの技術にはまだ未知で画期的な側面が多々あった。そう考えると、ここまで到達できた事実だけでも驚くべきことであったのだが。やはり完成までは一時延期がやむを得ないだろう――そう思われた矢先に試作品が完成する。ジョブズが12月にAT&Tのスタン・シグマンのために行うデモ用としては十分にいい状態であった。携帯電話ネットワーク会社CEOのシグマンは案の定、試作品の出来ばえに感心し「今まで見たなかで最高のデバイスだ」と賞賛した。こうしてついにiPhoneを世界へ向けてお披露目するときがやってきたのだ。

スティーブ・ジョブズ　グラフィック伝記

ジョブズ指揮下のアップル
～最終四半期の収入

2011年度第3四半期でアップル収入は過去最高を記録。
ジョブズ管轄による最終四半期では、
携帯機器事業が同社の収入源として確立していることが明らかになった。

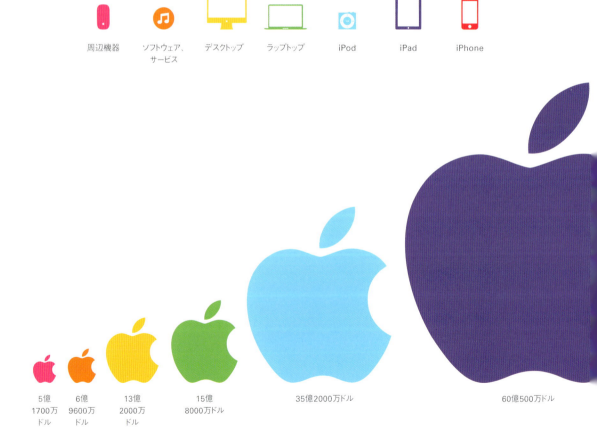

| 周辺機器 | ソフトウェア、サービス | デスクトップ | ラップトップ | iPod | iPad | iPhone |

5億1700万ドル　6億9600万ドル　13億2000万ドル　15億8000万ドル　35億2000万ドル　60億500万ドル

最後にもう1つ

130億3000万ドル

ときおり報道陣や討論会などで新製品の予定に関してほのめかしや推測が流れることはあった。しかしiPhone開発期間を通してアップルの秘密主義は徹底していた。2007年1月9日の朝、サンフランシスコのモスコーニセンターで開かれた発表会。ジョブズが壇上に上がるまでの間、参加メディアからの期待と興奮は明らかに高まっていた。

　黒のタートルネック、リーバイスのジーンズ、そしてニューバランスのスニーカー。ジョブズは自らの制服といえる定番の格好で登場する。この発表会で見せた超一級のプレゼンテーションは、すっかりお馴染みとなった「スティーブノート」を代表するものとなった。心から新製品に対する興奮と感動を表現し、簡潔でインパクトのある発表は終始、遊び心とユーモアに富んでいた。

　ジョブズはもったいぶるかのように観衆に向かって3つの製品を用意したのだと伝える。「iPod、携帯電話、インターネット通信機器」。これを繰り返した。いよいよ参加者をじらせたのちに問いかける。「もうわかったかい？　3つ別々のデバイスじゃない。1つなんだ。iPhoneっていうんだ」。これぞジョブジアンといった演出に会場は大喝采に包まれた。

　新製品の発表は大勝の地方遊説といった様相だったが、iPhone開発に携わるエンジニアやプログラマーたちにとって、まだ仕事は山積み状態であった。実のところ、発売日を6カ月先に控えた段階でiPhoneはほとんど未完成の状態である。ジョブズの基調講演に使われた試作品はいわば舞台用の豪華な小道具も同然。実際に店頭に並べる製品からは程遠いレベルなのだ。何百という単位の大小様々なバグの修正が必要だったし、到底解決できそうにないハードウェア面の課題も累積していた。

　それでも厳しい納期に対する猛烈なプレッシャーを乗り越えて、iPhoneは予定通り6月29日に発売となった。発売日には報道陣が全米中のアップルストア前で待機し、大勢のファンが何時間も列に並んで順番を待つ混雑の様子をとらえた。発売の数日前から並ぶ人たちまでいた。

発売から2日間でiPhoneの販売数は27万台に達した。その後、半年でさらに340万台を売り上げる。ジョブズが新製品発表会で宣言した通りになった。アップルはコンピュータや音楽産業に革命をもたらしたように、携帯電話市場も永遠に変えてしまったのだ。
　iPhoneは一部のメディアで「キリストの電話」と賞賛された一方で、ライバル会社には冷めた反応を見せる者もいた。マイクロソフトCEOのスティーブ・バルマーはその1人だ。バルマーはiPhoneはキーボードがないため失敗作であると断言していた。
　当初、ジョブズはiPhoneを壁で囲まれた庭園にしておきたい、使用ソフトウェアも限定したいと考えていた。しかしiPhone発売開始以降、ソフトウェア開発者たちは携帯用プログラムを作成する許可をアップルへ強く求めてきた。最初のうちジョブズはこれを断固として認めなかった。「携帯電話がPCみたいになったら嫌だからね」。製品発表会の直後に『ニューヨークタイムズ』記者ジョン・マルコフにこうコメントしている。「最悪なのは携帯に3つアプリを入れて、いざ電話をかけようとしても上手くかからないっていうパターン。iPhoneはコンピュータというよりiPodみたいなものだから」。
　批評家によっては、ジョブズが発売日まで締め切りに集中していたため、ソフトウェア開発者にプラットフォームを提供する可能性について考えなかったのだと指摘する見方もある。しかしアップル内でプレッシャーにさらされるなか、ジョブズは次第に理解を示すようになっていく。iPhone発売から4カ月後、ようやくアップルはiOS用のアプリ開発希望者を対象にソフトウェア開発キットを準備すると明らかにした。この決断はのちにシリコンバレーおよびベンチャーキャピタルコミュニティで、iPhone用ソフト制作を目指しゴールドラッシュのような流れを生み出すこととなる。確立された企業だけではない。何百もの零細な開発社たちがこぞって開発社登録を行った。
　初代iPhoneに対して最も多かった批判は、製品の未完成な状態についてであった。大半の携帯電話が利用できる高速の3GネットワークではなくEDGEセルラー接続しか対応しなかった。また動画録画もできず、文字や画像のカット、ペースト機能も使えない。こうした機能の省略化が起きた主な理由には、iPhone発売に向けて焦っていたという背景がある。単に全ての機能を完全に網羅する時間的余裕がなかったのだ。これらの問題点は2008年7月に発売されたiPhone 3Gですべて対処されている。そしてもちろん最大のニュースはiPhone用App Storeの公開であった。同ストアを経由して、アップルではない他の開発者からのソフトウェアがインストール可能になった。App Storeは公開時に500件のアプリを揃えていた。

スティーブ・ジョブズ　グラフィック伝記

数字で見るティム・クック

1万ドル

クックのCEO就任後まもなくアップルは従業員と企業によるマッチング寄付制度を導入し（訳注：社員が寄付を行った際に会社も同額または一定の割合で寄付を行う制度）。最大で年間1万ドルの寄付を行う。ジョブズ時代に同社が公共奉仕・慈善事業への協力不足を非難されていた問題に対応する姿勢を見せた。

17年

2012年、クックは株主に1995年以来となる配当金の支払いを開始。ジョブズCEO時代のアップルでは配当実施はなかった。

45

2017年度グラスドア（訳注：オンライン求人サービス大手）の従業員評価による年間CEOランキング。

56万株

アップルCEOとして毎年クックに譲渡される自社株数。

306万ドル

2017年度のクック報酬。ジョブズが年俸1ドルだったのは有名。

2290億ドル

2017年度アップル売上高。クックがCEOに就任した当初の2倍となる。また、クック管理下のアップルは2017年の時点で利益を倍増させ、現金保有額は3倍に膨らんだ。

200%

クックCEO就任から2017年までのアップルの株式上昇率。

1億200万ドル

クックへの支給額の主な内訳（2017年度）：アップル基本給306万ドル、賞与930万ドル、株式報酬8900万ドル。

480億ドル

2017年度アップルの利益。マイクロソフトおよびJPモルガン2社の利益合計とほぼ同額。

22万4000ドル

クックのセキュリティのために支払われる年間警護費用。

最後にもう1つ

App Store立ち上げにあたり、クライナー・パーキンス・コーフィールド・アンド・バイヤーズ社（KPCB）の著名なベンチャー投資家ジョン・ドーアはアプリ開発者らのために1億ドルでアイファンドを創設すると発表。こうして今日で言う「アプリ経済」が誕生した。App Store開始前は世界に存在しなかった市場である。2014年までにiOS App Storeは年間100億ドルを開発者たちに分配していた。アップルの報告によればビジネスエコシステムで考えると2013年、同ストアは米国に62万7000件の雇用を創出したことになる。
　一方、新たな競争も始まった。iPhone発売から18カ月後、グーグルが携帯用オペレーティングシステム「アンドロイド」をハードウェアメーカーに向けて無料で提供を開始。携帯電話会社のサムスン、LG、HTCなどはアンドロイド搭載製品を生産に踏み切る。この動きを受けてアップルに新たな競争分野が仕向けられる。iPhoneよりずっと安価な新種のタッチスクリーン式スマートフォンが次々と誕生し市場に拡大したのだった。
　そしてジョブズは私生活においてもっと深刻な問題に直面していた。少食が続き2008年の初めごろには恐ろしいペースで体重が落ちていった。手術の影響や痛み止め用モルヒネの副作用も原因として考えられたが、10代の頃から極端な食事法や断食を実践していた影響が状態の悪化に繋がった。同年の春には、体重が18キロも減ってしまう。
　ジョブズの外見の変化は顕著になっていく。健康状態をめぐり様々な噂が飛び交っていた。痩せ細った様子が話題の中心となり続け、2008年8月には『ブルームバーグ』は誤って2500語のジョブズ追悼記事を掲載してしまう。
　2008年9月に行った基調講演で、ジョブズはブルームバーグのお粗末なミスに突っ込みを入れる。舞台の背景幕に「僕の追悼記事はすごい大袈裟です」と流した。マーク・トウェインの言葉を捻って引用したものだ。陽気に振舞おうとしても骸骨のように痩せた姿からは元気が感じられなかった。悪化する健康問題からできるだけ焦点をそらそうと、ジョブズは今や無敵のアップルの指揮を継続する。新モデルの洗練されたiPodやiPhoneはじめ、さらに優れた製品を市場に送り続けた。また、マック類は超軽量で携帯性に優れたMacBook Airで強化される。MacBook Air発表の際、ジョブズは普通の茶封筒から本体を取り出して観衆に見せるという粋な演出を行い、その薄さを強調した。P. T. バーナム（訳注：米国でショービジネスの原点を築いた伝説的の興行師）のようなセールス術は未だ健在であると証明したのだ。
　しかし一方、当時発売されたアップル製品のすべてが大ヒットしたわけではない。テレビ番組、映画、ユーチューブ動画、ホーム映画などの動画を管理するデジタルハブとして打ち出したセットトップボックス（訳注：各種配信サービスの動画をテレビ画面に映し出せる端末）Apple TVは今ひとつで、新プラットフォームとしてジョブズが抱いた幅広いビジョン

を満たせず、十分な顧客層を獲得できなかった。しまいにはジョブズまでこの製品を半分「趣味」のようだと説明する始末だった。

　他にも、アップルによる購読型のクラウドコンピューティング・サービスの初期段階であるMobileMe（モーバイルミー）は課題を多々抱えたまま発売され、メール紛失を引き起こして顧客を憤慨させた。アップルの高い品質基準をはるかに下回る製品となりジョブズは担当チームを呼び集めブチ切れる。「おまえたちはお互いを軽蔑し合えればいい、みんなでメチャクチャにやりやがって！」。こう罵るとジョブズは担当チームの目の前で後任の新しいスタッフを任命した。

　こうした言動からジョブズの依然として血気盛んな印象がうかがえたが、その身体はアップルに影を落とし続けていく。そして2009年1月、ティム・クックがCEO代理としてジョブズ休職期間の指揮を任されることになる。このときジョブズは自身の健康状態について公式声明を出し、体重の減少の理由を説明している。「ホルモンのバランスが崩れた結果、身体を健康に保つために必要なタンパク質が損なわれたという医師の診断を受けました。最新式の血液検査でも確認されました。栄養面の課題を克服するということで治療は比較的、簡単であるとのことです」。

　ハイテク業界や健康関連の専門家はこのニュースを受けて憶測を重ねたが、声明で言及されたホルモンバランスの不均衡は、がんが肝臓に転移した結果を示していた。ジョブズは臓器移植の待ちリストに登録されていたが、1日でも早く肝移植を受ける必要に迫られる。もう間に合わないかもしれない。そんな最中、2009年3月21日にドナーが得られた。ジョブズとローリーンは移植手術を受けるため急いでメンフィスへ飛ぶ。手術は成功したが医師たちは腫瘍が摘出した肝臓全体に広がっていることを発見する。がんが転移している可能性があった。また内臓を囲む腹膜には斑点が認められた。

　しかしジョブズは医師たちの度重なる助言に従わず、ルーティン手順である胃の吸引も断固として拒否する。そしてこれが引き金となって肺炎を起こしてしまう。この時点で死ぬかもしれない状況となり緊急に家族が呼び寄せられた。しかし九死に一生を得る。大量の鎮痛剤が投与されていたにもかかわらず、もとの頑固な性格も戻った。ジョブズは指に着ける酸素モニターが「醜くて複雑すぎる」と文句を言い、もっといいシンプルなデザインに変えるべきだと病院スタッフにあれこれ提案した。また食事はスムージーにしてくれと言い張って医師たちを困らせたのだ。

同年6月、ジョブズは約束通りアップルの職場に復帰を果たす。そして人生最後のランドマーク商品の発表に向けて仕事に没頭した。iPhoneの売り上げがうなぎ上りの好調を続けるなか、数年前にゴーサインを出していたマルチタッチ式タブレットの企画に再び着手することになった。

　タブレット発表までの準備期間はちょうど2000年から2009年までの10年間に重なる。この期間、ジョブズそしてアップルは歴史に大きな足跡を残すことになる。『フォーチュン』はジョブズを「過去10年で最高のCEO」に選出。「この期間に存在したビジネスはジョブズの手柄である」とその功績を称えた。「エンタテイナーかつ天性のセールスマン。そしてあの有名な現実歪曲フィールドを創る魔術師。とんでもない完璧主義者である」とジョブズを形容した。またこの10年間で「ジョブズは音楽、映画、携帯電話の3市場を徹底的かつ有利に変革させた人物であり、元々の事業であるコンピュータ市場での影響力も日増しに伸びている」と解説。ジョブズは間違いなく世界的なセレブリティになった、と同誌は綴った。

　アイブが統括するエンジニアとデザイナーのグループは後続モデルのiPhoneに取り組みながら、水面下で秘密のiPadプロジェクトを進めていた。報道陣や社外に対してアップルはタブレット発表の予定はない。ジョブズはそう言って話を逸らしていた。「タブレットはPCや他のデバイスをたくさん持っているような金持ち用の製品という気がします」。アイブは対外的に述べていた。

　のちにフィル・シラーは説明する。「スティーブはずっとタブレットを作りたいと思っていました」。ジョブズは市場に出すベストなタイミングを待っていただけである、と。携帯技術が大きく前進したため2000年代初頭にアイブたちが仕上げたタブレット試作品は大きすぎるサイズとなっていた。iPhoneと釣り合うようにもっと流麗でユーザーが片手で手軽に持ち上げられるデザインが求められた。

　タブレット企画を前進させようという動機は他にもあった。2007年、パワーは劣るが小型で非常に安価のラップトップ「ネットブック」が台頭し、市場に出回り始めたのである。急速にラップトップ市場を侵食し、2年後にはその2割を占めるまでに成長した。ジョブズはネットブックのデザインを毛嫌いして、アップルは絶対に同じようなデバイスは作らないと宣言する。「ネットブックはどうしようもないね。ただの安物ラップトップじゃないか」。当時ジョブズはこう話していた。代わりにアイブたちが制作していたタブレットが、アップルの納得いくデバイスとして完成。iPadと名付けられたのだった。

2010年1月、ジョブズは痛々しいほど痩せた姿で壇上に立ち、新製品マルチタッチ式タブレットの発表を行う。批評家たちは実質的にサイズを大型化したiPhoneのようなデバイスが市場価値を持つかどうか疑問に感じていた。しかし新製品は当初の予想を上回る。4月の発売から9月末までの期間に750万台を売り上げた。こうしてアップルの売り上げは2010年度末に650億ドルに達する。1年間で販売実績額が50％も上昇し、利益額は140億ドルに達した。

　加えてさらに財政的な節目を象徴する出来事が起きる。2010年5月、アップルの市場価値はマイクロソフトを追い抜き世界最大のハイテク企業となったのだ。アップルの株式時価総額は2220億ドルに達し、長年のライバルであるマイクロソフトは2190億ドルに減退した。翌年もアップルの時価総額はマイクロソフトを引き離し続け2011年度末を3760億ドルで締めくくった。

　がんとの戦いが続く陰鬱な時期の最中、ジョブズはアイブの前で涙を流しながら告白していた。息子リードの高校卒業を見届けるまで命が持たないかもしれない、と。しかし2010年6月、晴れてジョブズは卒業式に出席することができたのだ。「今日ほど嬉しい日はないよ」。ジョブズはメールで綴っていた。その晩に開かれたパーティではリードとジョブズが一緒にダンスをしながら時間を過ごす姿が見られた。

　ところが2010年の終盤になると、ジョブズのがんは再び頭をもたげる。クリスマスのころには体重が52キロまで落ち込んだ。しかしジョブズは食事に関して相変わらずうるさかった。一家が雇ったパートタイムの料理人が色んな健康食を作っていたが、ジョブズは少し手をつけるだけでほとんど食べようとしなかった。新年を迎え、3回目そして最後となる休職を決断し、アップルの日常業務を再びクックに任せる。このころジョブズは世界でもまだ受けた例が少ない最先端のがん治療を試していた。がん細胞と普通の細胞のDNA配列を完全に調べる検査を行い、その配列分析をもとに医師団はがん細胞の異常増殖を促進している分子経路に直接働きかける適切な薬を選択するのだ。ピンポイント式の新しいアプローチによる最新の治療法を一通り試すこととなったが、状態が回復してはすぐに逆戻りをするようなサイクルとなった。

　2月に56歳の誕生日を迎えたジョブズは、再び食事を取るようになる。新しいiPad2の発表を手がけるために十分な体力を取り戻していた。そして6月6日、壇上に復活する。最後の基調講演としてアップルのiCloudサービスを紹介した。このサービスはユーザーが音楽、画像、その他のファイルを同期、保存することを可能にした。

アップル vs マイクロソフト

時価総額の推移

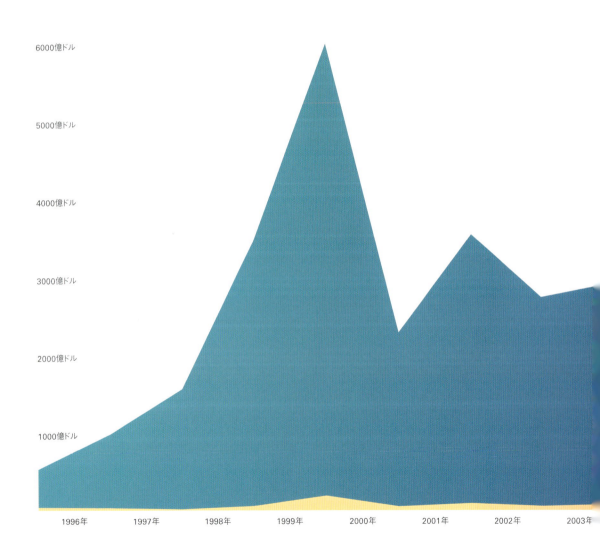

最後にもう1つ

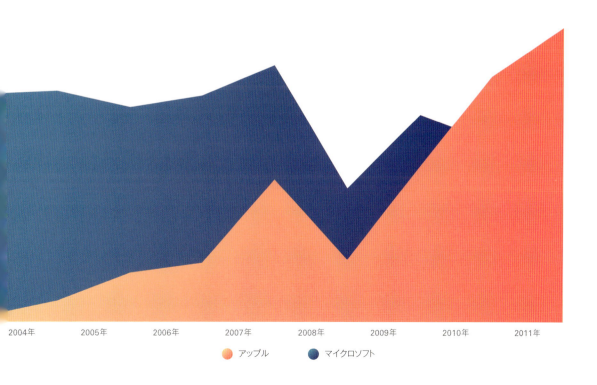

ジョブズは在宅勤務を続けていたが、もうこれ以上、身体の痛みに耐えられない状態となる。がんは骨にまで転移。命が終わりに近づきつつあることを認めざるを得なかった。ジョブズはティム・クックが後継者としてアップルCEOを引き継ぐことを決める。クックが暫定CEOを務めた期間、アップルの経営がスムーズに行われたことを踏まえれば、当然周囲も納得のいく判断であった。ジョブズは8月の会合でこの話を切り出し、クックに指揮を任せる旨を報告。そして自らは会長としてとどまる意思を伝えた。

　ジョブズからこの決定を聞いたクックは「もっと長く生きられる」ような印象だったと話す。そして冗談まじりに、ジョブズほど仕切り屋の人の葬儀はどんな形になるのだろうと考えたりした。「何か言って心を奮い立たせたかったんです。だから『じゃあ広告は、私がチェックしていいと思ったら、承諾を取らずに流していいんですね？』って聞きました。そうしたら笑って『ひとこと声をかけるぐらいはしてくれよ！』って言ってました」。

　2011年8月24日。止むを得ない状況のなかジョブズはアップルCEOの座を退く。車椅子に座ったジョブズは取締役会に退任の辞を自分の口で読み上げて報告したのだった。

　輝かしい時代の終わりを告げるようにこの日、取締役会に伝えた言葉はのちに一般公開される。「アップルCEOとして自分の職務と期待を全うできない日がきたら僕は会社を辞めます——常々こう伝えきましたが、残念ながらその日がやってきてしまいました」。

　クックを後継者に任命することを伝えるとこう続けた。「アップルが今後も素晴らしい革新的な未来に向かうと信じています。僕は新しい立場でそれを見守り成功に貢献したいと思います」。ジョブズ退任のニュースが報じられると、アップル株価は5％下落した。

　死を目前にした段階で、家族や友人が最後のお別れをしにジョブズを訪れていた。このなかにはビル・ゲイツも含まれ、2人だけで昔話を語り合ったという。お互いにいい相手を見つけて結婚できたから「半正気」でいられたのだと冗談を言ったりしながら、3時間ほど一緒に過ごした。当時ゲイツの活動の焦点はすでにマイクロソフトではなく自身の慈善団体に向けられていた。ジョブズの目にはかつてのライバルが「今までで一番幸せそう」に映ったという。ゲイツはジョブズが作った「メチャメチャすごいもの」を称賛し、どん底にいたアップルを危機から救った功績は大したものだと伝える。またゲイツは、ハードウェアとソフトウェアを統合するというジョブズのビジネスアプローチは成功したのだと認めた。これにジョブズも「君のやり方だって上出来だったさ」と返す。かつては対立を繰り返した2人。この日の会話は、コンピュータ革命を引き起こして世界を変えた人間同士の関係を締めくくる役割を果たしたのだ。

　亡くなる直前の金曜日。ジョブズはクックと一緒にセンチメンタル系のアメリカンフットボール映画『タイタンズを忘れない』を見て過ごした。

「あの映画が見たいと言うのでとても驚きました。本当にこれでいいの？ という感じで。スティーブはスポーツに全然興味がありませんでしたから。見終わってからあれこれ感想を話し合って。スティーブは楽しそうだったなぁと思って帰宅しました」

そして2011年10月5日。妻、子供たち、2人の妹が見守るなか、スティーブ・ジョブズは息を引き取った。

死去の数週間後、『ニューヨークタイムズ』紙面に掲載された追悼記事で、モナ・シンプソンの言葉は注目を集める。兄スティーブの誠実さ、美を愛する心、勤勉な姿勢について語られていた。シンプソンは亡くなる直前のジョブズの様子をこう述べる。「妹のパティ、それからしばらく子供たちを見つめていました。最後にローリーンに目をやったあと、皆の肩越しに視線が過ぎていきました。最後の言葉は『オーウォ、オーウォ、オーウォ』でした」。

ジョブズの訃報を受けて世界中が悲しみに包まれた。国境を超えて即興的な集まりが開かれアップルストア店頭には祭壇が設けられた。ツイッターにはジョブズ追悼ツイートが大量に流れ、同社はユーザートラフィックの対応に追われる。中国ではアップル創業者への追悼コメントが3500万件投稿された。

ビル・ゲイツは声明を発表した。「世界中でスティーブほどインパクトを与えられる人間は滅多にいません。その影響はこれから何世代にもわたり続いていくでしょう。彼とともに仕事ができた我々は本当に幸運です。とてつもなく名誉なことです」。シリコンバレー開拓者として次世代を担う者たちもハイテク界のアイコンであったジョブズに称賛の言葉を送った。フェイスブックのマーク・ザッカーバーグはジョブズを「メンターであり友人」であったと述べた。またアップルのライバル企業であるグーグルやソニーも最大の賛辞を送った。オバマ大統領やメドベージェフ大統領といった信条の異なる国際的リーダーたちも、ジョブズが世界に与えた功績を称えて同じく哀悼の意を表した。「世界中の多くの人々は、彼が生み出した機器によってこの訃報を知ることになった。この事実こそスティーブの成功の証である」。オバマ大統領はホワイトハウスを通じて声明文を出した。

若き日のジョブズは「宇宙に衝撃を与えたい」と断言していた。彼はまさにこれをやり続けたということに異論を唱える人はいないだろう。

ジョブズとアップルはあまりにも固く結びつき合っていた。このため他のCEOによる舵取りは想像し難いものであった。一般的なリーダーには見られないカリスマ性、エンタテイナーのような魅力。ジョブズをハイテクファンたちのアイドルたらしめたこれらの資質は、おとなしいクックには備わっていないかもしれない。しかしながら、クックは前任者と同じく市場を先読みする能力を発揮させながら、その後のアップルを牽引していった。

#iSad
アイサッド

ジョブズ追悼に対する世界の反応

ツイッター全投稿数の15%に「ジョブズ」が含まれていた。ツイッター全売上、「#Sad」は最も流行ったハッシュタグとなる（第2位は#ThankYouSteve）。

サルマン・ラシュディ

初めて会った時にたちまち友人となり、スティーブ・ジョブズよ、君が恋しい。この世界の偉大な独想家にして、芸術を愛する者として、追悼と哀悼を申し上げます。

スティーブ・フォーブス

スティーブ・ジョブズと時間を共にすることは、彼は彼の作り出してきた製品そのものと同様刺激的な出会いでした。彼の存在はもうすぐ伝説となる兼キシムとして、その存在は多くのものを後継者たちへ継承するだろう。

アリアナ・ハフィントン

この車は直感に従って働いている気を持つだろう、それもは必要の目分の目をに見開けば周りのものだ。

ジャック・ドーシー

スティーブ・ジョブズ、ありがとう。

ステファン・フライ

時に一番にスティーブ・ジョブズの話を聞きました。皆当を驚きました。遊んでるんは彼ではあったでしたら、少しから蘇くて涙いました、彼はアップル家の家族でもあるのだから。

コールドプレイ

スティーブのご冥福を祈ります。なんて素晴らしいインスピレーションを与えてくれた、皆さんステーブ、安らかに眠ってください。

ルパート・マードック

今日、彼も友産業上で最も偉大な革新者、クリエーターと起業家を失いました。スティーブ・ジョブズはまさに最高のCEOでした。

スティーブ・ウォズニアック

スーパースターが煎退してしてくれた。スティーブ・ジョブズは目を見張るほど全てを総えて美重要していた。

ビル・ゲイツ

彼と共に仕事ができたことは本当に幸運でした。

マーク・ザッカーバーグ

スティーブ、僕のメンターであり友人でいてくれてありがとう。君が世界変えられることを教えてくれた、君と繋がれたことを心から感謝しています。

リチャード・ブランソン

ご冥福をお祈りします。スティーブは真に巨人にして美術者兼技師を兼ね備えていました。スティーブを失うことは真にインスピレーションの源であり、人類の喪失であって米に惜しい気い知ります。

アーノルド・シュワルツェネッガー

スティーブ・ジョブズはカリフォルニアのアメリカン・ドリームでした。世界を変えて私たちを感動させてくれました。

マイケル・デル

今日、業界はビジュナリーリーダーを、バイオン業界最も愛を失うとした伝説的な人物を失いました。私は友人を失いました。スティーブ・ジョブズの次世代は何代先まで行っても語り継がれるでしょう。

バラク・オバマ

スティーブ・ジョブズについていくつか道が進歩しています。スティーブ・ジョブズが亡くなられた5ヶ月の人々が私のもとで草を記してくれたことに感謝しています。#Obama2012チームからパクりました。

スティーブ・ジョブズ　ラップトップ作家

2011年、どちらがライセンス差止めがアップルは米国政府よりもキャッシュを保有しているという議論を発表する。アップルの最新の決算報告によれば、同社の現金準備額は764億ドルで、米国財務省の持つ737億ドルを上回った。

2017年総資産まで、アップルの時価総額は——授業料と同株総額——株主が会社の価値を金額でならした指標——は、アップルCEOを職期間以上に働かれたより、1兆ドルにあともう一歩のところまで来ていた。これはアップルが世界最大で最も価値ある企業としての現在を固めるものだ。

ジョブズが築きあげてきたアップルも美術を越した。それはジョブズがプレゼンテーションで次々と愛するにつけていた大量の商品の延長としてもらうしのケフリのような存在であろう。ジョブズの指揮のもとアップルで発表された、アップルウォッチやワイヤレスイヤホンエアーポッツ、HomePodである。同時期にアップルは伝統である数十億ドルのオンラインを構築し、ビジネスをとに多角化を強化している。だが、これら新製品の売り上げは好調であるが、iPodやiPhoneほど存在感と話題性を打ちたてて世界を変えるようなものにはなっていない。

また、アップル・パークの建設に関してジョブズは多くの平方メートルを離してしているだろう。最速のクラシックレーザーのジョニー・アイブがイタリアのノーマン・フォスター率いる建築事務所と手を携えたチャトカスキャンパスである。その跡地に最後を選んでいるのが電話会議でだ、本道建設が延々と続いているのだ。2017年9月12日、完成から6年が経ち、アップルは新キャンパスで初めての製品発表会を開催したのである。

アップル・パーク諸堂記念会の当日、ジョブズの名を冠した劇場の屋上テラスで、当時CEO自身が共同創業した社の草創を語る。これまでアップルのない壁間が設置された。感動的な幕開けとなり、ジョブズの声が流れる——「アップルのデザインの真髄は装飾を削ぎ、ごくシンプルなものになることだ。それは便利でもあるものであり、本質のテクニカル・テクノロジーをわかる使用した。「ステーブ・ジョブズさんに捧げる」と言い——。

ジョブズが自ら始めた「クレイジーな人たち」の仲間入りを果たした。世代を継ぎみがあり続ける唯一のやり方だ。そしてまさに通り、この偶然出演をみえた。

注釈

プロローグ

p.5 「この町で生産できるモノは、アップルが信じることで議論するべきだ」「Steve Jobs Presents to the Cupertino City Council」『YouTube』2011年6月7日）
https://www.youtube.com/watch?v=gzu5OmOh_MU
hyperlink.

第1章

p.17 「今はっきりした案を思い浮かべられていない」『Steve Jobs interview: One-on-one in 1995 (スティーブ・ジョブズ／1995年インタビュー)』1995年
https://www.macworld.com/article/2498543/ti-management/steve-jobs-interview-one-on-one-in-1995.html

p.18 「リーンに対しては、それぞれがそれを抱いていた」『Steve Jobs』 (icon Steve Jobs) Jeffrey S. YoungとWilliam L. Simon著、Wiley社、1997年

p.48 「未開拓でまだ海を見たことがない」『Steve Jobs』Walter Isaacson著、Simon & Schuster社、2011年（『スティーブ・ジョブズ』井口耕二訳、講談社、2011年）

p.48 『The Journey is the Reward (スティーブ・ジョブズ)』 Lynx Books社、1988年、ジェフリー・S・ヤング著、JICC出版局、1989年版）

p.56 「僕はそこに考えをとめきれませんでした」同上『Steve Jobs』

p.56 「他は全部この会社の後に置かれました。」

p.62 「ボス（スティーブ・ジョブズ）のほうがフェアだと感じることだ」
『Gamer Informer』2015年、米国
http://www.gameinformer.com/b/features/archive/2015/10/09/how-steve-woznia-s-breakout-defined-apple-s-future.aspx

p.64 『100万ドルの男』『iWoz』スティーブ・ウォズニアック著、W. W. Norton & Company社、2006年

p.64 「キーホルダーに付けたたちのちゃちなキー」同上『iWoz』

p.68 「僕は［誰にも偏ることなく］同社に働いています」
http://www.bbc.co.uk/news/technology-35940300
『Apple at 40: The forgotten founder who gave it all away』2016年、英国BBC

p.69 「アップル以上、僕も資金を頼られずに手に入れる」
『Return to the Little kingdom』Michael Moritz著、Duckworth & Co社、2009年（『スティーブ・ジョブズの王国』林信行監修、プレジデント社、2010年）

p.73 「はっきり自分の『AppleDesign: The Work of the Apple Industrial Design Group』Paul Kunkel著、Graphis Inc社、1997年

p.74 「ジョブズは〈嘘をつかされて働いているからなのです」

第6章

p.201 「キーボードを叩いているデジタルなパイプです」同上
『Apple Confidential 2.0』

p.201 「アップルの取締役会もちろん印象的ではない」

第15章

p.197 『Apple Confidential 2.0: The Definitive History of the World's Most Colorful Company』オーウェン・W・リンズメイヤー著、No Starch Press社、2004年

p.176 『Steve Jobs』 (icon Steve Jobs) Jeffrey S. Young、William L. Simon著、Wiley社、1997年（『スティーブ・ジョブズ／偶像復活』井口耕二訳、東経業務報社）

p.176 「車を運転中も電話をかけているよ」『Steve Jobs』Walter Isaacson著、Simon & Schuster社、2011年（『スティーブ・ジョブズ』井口耕二、講談社、2011年）

第1章

p.169 「チョコマチョコ動き、ペローはがたがたに200万ドル以上を売りさばき」
『アップル-ブレインティレット・メモリアル』1986年

第13章

p.159 「60年のウォズを発言のコメントでそうよ」
『Steve Jobs: The Lost Interview』 ドキュメンタリー、Magnolia Pictures、2012年

p.159 「現地な人間が最低を上げて中さえたすはマイクロソフトになかで」
『スティーブ・ジョブズ』井口耕二訳、日経ビジネス人文庫、2018年

p.158 『私なんて知っていた』同上、『Becoming Steve Jobs: The evolution of a reckless upstart into a visionary leader』Brent SchlenderとRick Tetzeli著、Crown Business社、2015年

p.158 http://www.bbc.co.uk/news/technology-16538745
英国BBC社、2012年

p.158 「1985年。Macintosh Officeが発表されましたとしる」
「Ex-Apple boss Sculley sets record straight on jobs」https://gizmodo.com/5821429/that-time-in-1987-when-playboy-inter-viewed-steve-jobs

第12章

p.148 「閑職のように見えたけど、同様にしていた」『スティーブ・ジョブズ インタビュー集』（1987年）
『Apple Confidential 2.0: The Definitive History of the World's Most Colorful Company』オーウェン・W・リンズメイヤー著、No Starch Press社、2004年

第11章

p.146 「マッキントッシュ……ジョブズはいるかい」
「インタビュー」『Apple Confidential 2.0』ペイターとオーウェン・リンズメイヤー著、プレジデント社、2010年

第10章

p.123 「苦労議論を試してはしたい」『Return to the Little kingdom』Michael Moritz著、Duckworth & Co社、2009年（『スティーブ・ジョブズの王国』）

第9章

p.111 「そしてスティーブはぼくを呼びました」『Steve Jobs』Walter Isaacson著、Simon & Schuster社、2011年（『スティーブ・ジョブズ』井口耕二訳、講談社、2011年）

p.102 『3つのことを知っていたんでしょう』『Triumph of the Nerds』キュメンタリー、PBS、1995年

p.102 『ゼロックスより盗まれたものの数量は膨大すぎる』
『The truth about Steve Jobs and Xerox PARC (ドキュメンタリー)』『ロサンゼルス・タイムズ』2011年
http://latimesblogs.latimes.com/technolo-gy/2011/10/steve-jobs-xerox-parc.html

第8章

p.78 『事業について会社についても変わった』『Return to the Little kingdom』

p.74 「事実より苦しい」同上『Steve Jobs』

p.74 「アウトドアには、ヒッピーヒッピーをからかうような」
『スティーブ・ジョブズ』井口耕二訳、講談社、2011年

第7章

p.42 「ある日の朝に眠れない」ドキュメンタリー『スティーブ・ジョブズ』
—The Making of Silicon Valley: A One Hundred Year Renaissance (Santa Clara Valley Historical Association.

p.41 「初めて青いブルーボックスを」「How blue box phone phreaking got Steve Jobs and Woz on the road to Apple」『エスクァイア』誌2015年10月
http://www.esquire.com/news-politics/a38878/steve-jobs-steve-wozniak-blue-box-phone-breaking/

第3章

p.38 「Eメールの接収の数々を述べました」
『Steve Wozniak tells us one of his favorite stories about Steve Jobs』 http://uk.businessinsider.com/steve-wozniak-favorite-story-steve-jobs-bob-dylan-2017-4

p.35 「母の愛情は誰にも負けない」『The Journey is the Reward』Lynx Books社、1988年（『スティーブ・ジョブズ』ジェフリー・S・ヤング著、JICC出版局、1989年版）

p.28 「HPの社員を経験する子どもたち一つのこと」『100 PC Moments』（『iWoz』、前掲書、同上
2014年

p.28 「子どもの頃にはシリコンバレーミュージアムの仲間が足しに」
http://arnerican.history.si.edu/ocompshs/sj.html
Smithsonian Institution Oral History Interview (1995年、スティーブ・ジョブズへのインタビュー)

p.23 「選出先で手を動かすだけのそろっているだけだ」
『Becoming Steve Jobs: The evolution of a reckless upstart into a visionary leader』Brent SchlenderとRick Tetzeli著、Crown Business社、2015年（『スティーブ・ジョブズ 無謀な男が真のリーダーになるまで』井口耕二訳、日経BP、2018年）

p.21 「頭の中に重みを受けてしまったとき」『Steve Jobs』
—「ロサンゼルス・タイムズ」

第2章

p.47 「ものすごく美しく作ろう」『アップルインタビュー』
http://reprints.longform.org/playboy-steve-jobs-interview-1985 (1984年)

p.43 『ウェブアップルインタビュー（スティーブ・ジョブズ）』2011年
https://web.archive.org/web/20120612091509325/http://readallyons.com/blog/2011/10/11/a-conversation-with-woz

Picture Credits:

p.8 Ralph Morse/Getty; p.10 SiliconValleyStock/Alamy Stock Photo; p.20 AF archive/Alamy Stock Photo; p.25 Tom Munnecke / Getty; p.26 Ted Thai/Getty; p.31 Lyn Alweis/Getty; p.34 AF archive/Alamy Stock Photo; p.39 Douglas Kirkland/Getty; p.46 Science & Society Picture Library/Getty; p.57 John G. Mabanglo/Stringer/Getty; p.60 Future Publishing/Getty; p.66 https://www.google.com/patents/; p.72 Ted Thai/Getty; p.75 Ralph Morse/Getty; p.77 Kim Kulish/Getty; p.82 Science & Society Picture library/Getty; p.85 Apic/Getty; p.87 Ted Thai/Getty; p.88 Bloomberg/Getty; p.94 AF archive/Alamy Stock Photo; p.96 Gilles Mingasson/Getty; p.106 Peter Da Silva/Getty; p.122 Hy Peskin/Getty; p.133 Richard Lewison/Alamy Stock Photo; p.136 Chuck Nacke/Alamy Stock Photo; p.138 New York Daily News/Getty; Stan Godlewski/Getty; William Stevens/Getty; Gabe Palacio/Getty; Kim Kulish/Getty; p.139 3 x Justin Sullivan/Getty; David Paul Morris/Getty; AFP/Getty; p.150 David Paul Morris/Getty; p.154 John Mabanglo/Getty; p.168 Justin Sullivan/Getty; p.180 AF archive/amy Stock Photo © Walt Disney/Pixar; p.189 Bob Riha Jr/Getty; p.196 Justin Sullivan/Getty; p.199 Getty Images/Handout; p.207 Ted Thai/Getty; p.214 Taylor Hill/Getty; p.242 VCG/Getty; p.257 Justin Sullivan/Getty; p.269 Justin Sullivan/Getty

日本語版編集者あとがき

本書の終了直前、アップル社は時価総額が1兆ドルを超える世界初の企業となった。アップルが、それまで時価総額が他を圧倒して大きかった石油会社などを抜き去り、スティーブ・ジョブズが発案し、初代のiMacを発表し、同社の印象を一変させてからの発表からちょうど20年目のことだった。

このiMac以降、ジョブズは3年周期で世界を変えるような新機軸の商品の発表を続けた。「アップル」という会社の進路の変更を遂げ始めた。

2001年にはiPodを発表しデジタル音楽プレーヤー時代を切り開いた。2003年にはiTunes Music Storeを立ち上げた。やがてアップルは世界最大の音楽販売事業者となる。2007年にはiPhoneを発表し、「電話を再発明」して、世界中の風向きを変えてしまった。そして2010年にはiPadを発表し、これも続発売後一ヶ月半でパソコンが浸透していなかったIT新興国まで含めた世界市場へ、次々世代機へと、それまでのパソコンが及ばなかった市場を切り開いた。

それをアップルのみが可能にする新機軸と、Apple Watchの発表も続け、2011年、ジョブズはその後、Appleがたちらいう拠点から直後に他に出したろう（この新本社は遺産的にも画期的なものだ）。

アップルを追放されたジョブズが、遠からぬ時期の復帰への情熱を持ちながらも稀有な発明者、実業家としてそれ以上にアップルの復活後のジョブズは歴史が取り除かれることではない。それも上回る勢いの密度と情熱で世界を驚嘆させ続けた。

この発表のあがけあげた個別商品のそれぞれは、彼が存命していた15年の間に大躍進を遂げて今にいたる通信機器業界の北斗星となった。

あのジョブズ復活後の15年間は、ビジネス史において稀有な稀15年だと言う。本書はその濃い重い日々のエピソードを、いきいきと、さらにまたグラフィックに例示しつつその本そのものが画期的なのではあろう。

2018年8月

林 信行

---

p.226 「プラグを抜こう」『Steve Jobs: Stanford commencement address.』
https://www.theguardian.com/technology/2011/oct/09/steve-jobs-stanford-commencement-ad-dress
p.227 「1000曲も持ち歩くのに」同上『アフターワード』
p.231 「あんなものが音楽業界を変えるなんて」『Seven ways iTunes changed the music industry』『ビルボード』2013年4月25日
https://www.billboard.com/biz/arti cles/news/1559622/seven-ways-itunes-changed-the-mu-sic-industry
p.231 「こんなアップルの動向を気取るなんてです」『iTunes' 10th anniversary: How Steve Jobs turned the industry upside down』『ローリングストーン』2013年4月26日
https://www.rollingstone.com/music/news/itunes-10th-anni-versary-how-steve-jobs-turned-the-industry-upside-down-20130426
p.234 「うるさい、いまいい仕事をしようとしているんだ」『ビルボード』『ニュースウィーク』
p.247 「これは迷走しないとなるぞ」『Steve Jobs』Walter Isaacson著、Simon & Schuster社、2011年『スティーブ・ジョブズ』『ウォルター・アイザックソン著、井口耕二訳、講談社、2011年』
p.250 「春分が年もだる頃何時でもなんだろう」同上『Steve Jobs』
p.255 「iPhoneは一部のスマートフォアマニアだけの製品だ」『Watch Steve Ballmer laugh at the original iPhone』『アフターワード』2008年9月
https://www.wired.com/2008/01/tft-iphone/
p.255 「情景家電はPCにそのなしにまれたものだ」『iPhone shows Apple's impact on consumer products』『ニューヨーク・タイムズ』2007年1月11日
https://www.nytimes.com/2007/01/11/technolo-gy/11cend-apple.html
p.259 「お客さんは互いを噂を喧嘩しあえない」同上『Steve Jobs』
p.260 「ジョブズ氏は我々の顔周から血の気が引いていきます」同上
p.264 「彼が何かを言うのはなぜかというと」『Becoming Steve Jobs: The evolution of a reckless upstart into a visionary leader』Brent Schlender・Rick Tetzeli著、Crown Business社、2015年『スティーブ・ジョブズ脅威の「経営者」への成長ストーリー』井口耕二訳、日経BP社、2016年『Becoming Steve Jobs』
p.265 「彼の謙虚な姿をには…とても驚きました」同上『Becoming Steve Jobs』

第17章

p.251 「プロダクトは全てあまり儲かっていない」『The untold story: How the iPhone blew up the wireless industry』『アフターワード』2008年9月1日

第16章

p.201 「スティーブは…ジョブズをキル・ハミルツンだ、ダースベイダーだ…」『マッシャブル』2018年2月6日
55、樣を上から話をしていまた思っていました。『ぬれん、バクりました』—（1997年8月12日）
p.216 「最終的にこう結論があるに至ります」『Steve Jobs Hated iMac, Wanted to Call it 'MacMan'nt』『マッシャブル』2012年5月31日
https://mashable.com/2012/05/31/macman/#6K.w23kv6Zql
p.217 「大変だった。本当に、入って一番早いたぎっ時期だった」『Steve Jobs』Walter Isaacson著、Simon & Schuster社、2011年『スティーブ・ジョブズ』『ウォルター・アイザックソン著、井口耕二訳、講談社、2011年』
p.221 「各社はマイクロンからのチップを買うを探えるのと、さらによい方策を必要とするにない」同上『Steve Jobs』
p.222 「彼は時間が下さった」『How big can Apple get?（彼は、アップルはどこまで大きくなるのか）』『フォーチュン』2005年2月21日
http://www.fortune.com/80/fortune/technology/articles/0,15114,1025093,00.html
p.223 「さあいつのいつも俺かになってきた」『iPod World（邦訳『ニュースウィーク』2004年1月18日）』
http://www.newsweek.com/p-od-world-126245
p.226 「何かに引っ張ってられまみたいなっていました」『Straight dope on the iPod's birthd』『アフターワード』2006年10月17日
https://www.wired.com/2006/10/straight-dope-on-the-ipods-birth/

本書をめぐる人たちに捧げる。
希望とインスピレーションを与えてくれる子どもたち、イーサン、ローリー。
人生の冒険をともにして<れる素晴らしい妻、ジェン。——緒にここまで来た!
母ソリン、父の兄、姉——僕ら5人兄弟は本物だ。
そして、遠くにいても心の中にいるテス・リンチ・シニア。

謝辞
本書を綺麗かつ機能的な本作品の中へ梳いて編上げてくれたケイトリン・ブックマン、企画
の進行を支えてくれたエミリー・ボーモント、ブラント、そして言葉と議論と構成と理論の流れに尽きし
てくれたFoundedのチームに、感謝したい。

本書は混乱した、気がおかしくなりそうな時々に情熱を引きずってくれるネイユエ、
ジュリット・リンチに感謝を捧げたい。パパはリリース・ランチに感謝する、彼女を愛する家族に
愛けた類似的なものじゃない。そしてあの素晴らしい才能あるアーティスト——君の存在が
なければ僕らは時代に追いつめなかっただろう。

Steve Jobs: a biographic portrait of a genius, by Kevin Lynch
First published in 2018 by White Lion Publishing,
an imprint of The Quarto Group.
The Old Brewery, 6 Blundell Street London N7 9BH,
United Kingdom
T (0)20 7700 6700 F (0)20 7700 8066
www.QuartoKnows.com

Text © 2018 Kevin Lynch

Kevin Lynch has asserted his moral right to be identified as the Author of
this Work in accordance with the Copyright Designs and Patents Act 1988.
All rights reserved.

装丁・本文デザイン:剛口聡美 (ビーエーテーデザイン)
翻訳協力:株式会社トランネット (www.trannet.co.jp)

スティーブ・ジョブズ グラフィック伝記

2018年10月30日 初版第1刷発行

著者 ケヴィン・リンチ
訳者 明浦綾子
日本語版版装修者 宋譜 純一
発行者 株式会社美術出版社日本版
〒107-0062 東京都港区南青山5-4-30
COSTUME NATIONAL Aoyama Complex 2階
電話 03-6809-0452 (編集部)
 03-6809-0495 (販売部)
URL http://www.n-co.jp/

Printed in China
ISBN978-4-908-33823-1 (編集本部)

本書の一部あるいは全部を無断で複写・複製・転載・翻訳(データファイル化を含む)・放送等をするごとは、
著作権法上での例外を除き、禁じられています。また、購入者以外の第三者による本書のいかなる電子複製も一切認められ
ておりません。乱丁・落丁(ページの順序の間違いや抜け落ち)の場合は、ご面倒ですが購入された書店名を明記して、小社
営業部宛てにお送り<ださい。送料小社負担にてお取り替えいたします。ただし、古書店で購入されたものについては、
お取り替えできません。定価はカバーに表示してあります。本書のコピー、スキャン、デジタル化等(個人情報の取扱い
は上記ホームページをご覧<ださい)。